MARCO POLO

RUMÄNIEN

Reisen mit **Insider Tipps**

Rumänien ist und bleibt für mich eine Herzensangelegenheit. Ich liebe den Humor der Menschen; er ist unvergleichlich. Auf meinen Reisen in diesem vielfältigen Land entdecke ich immer wieder Neues, traumhafte Ecken, die noch nicht einmal alle Einheimischen kennen.

MARCO POLO Autorin
Kathrin Lauer

(siehe S. 135)

Spezielle News, Lesermeinungen und Angebote zu Rumänien:
www.marcopolo.de/rumaenien

RUMÄNIEN

> SYMBOLE

Insider Tipp **MARCO POLO INSIDER-TIPPS**
Von unserer Autorin für Sie entdeckt

★ **MARCO POLO HIGHLIGHTS**
Alles, was Sie in Rumänien kennen sollten

SCHÖNE AUSSICHT

WLAN-HOTSPOT

▶▶ **HIER TRIFFT SICH DIE SZENE**

> PREISKATEGORIEN

HOTELS

€€€ über 80 Euro
€€ 40–80 Euro
€ bis 40 Euro

Die Preise gelten für eine Übernachtung von zwei Personen im Doppelzimmer mit Frühstück

RESTAURANTS

€€€ über 30 Euro
€€ 15–30 Euro
€ bis 15 Euro

Die Preise gelten pro Person für ein Menü mit Vorspeise, Hauptgericht und Dessert

> KARTEN

[122 A1] Seitenzahlen und Koordinaten für den Reiseatlas Rumänien

[U A1] Koordinaten für die Bukarest-Karte im hinteren Umschlag

[0] außerhalb des Kartenausschnitts

Zu Ihrer Orientierung sind auch die Orte mit Koordinaten versehen, die nicht im Reiseatlas eingetragen sind

INHALT

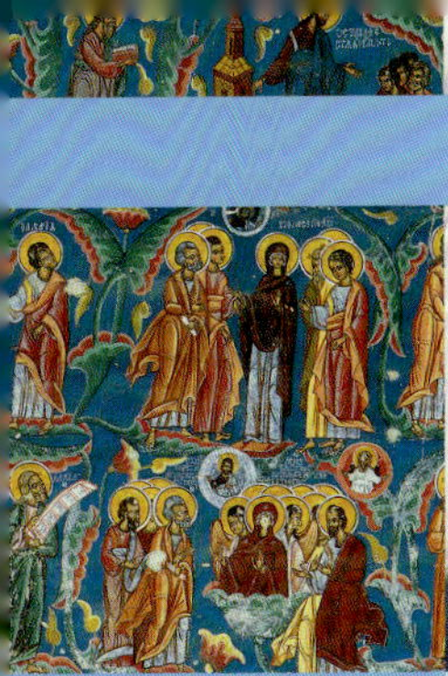

> SZENE

S. 12–15: Trends, Entdeckungen, Hotspots! Was wann wo in Rumänien los ist, verrät der MARCO POLO Szeneautor vor Ort

> 24 STUNDEN

S. 100/101: Action pur und einmalige Erlebnisse in 24 Stunden! MARCO POLO hat für Sie einen außergewöhnlichen Tag in Bukarest zusammengestellt

> LOW BUDGET

Viel erleben für wenig Geld! Wo Sie zu kleinen Preisen etwas Besonderes genießen und tolle Schnäppchen machen können:

Umsonst Loks gucken S. 36 | Gebührenfrei ins Netz S. 48 | Preiswerte Studentenkunst S. 69 | Günstiges Quartier bei Nonnen und Mönchen S. 79 | Open-Air-Ballett zum Nulltarif S. 90

> GUT ZU WISSEN

Rumänische Renaissance S. 20 | Rumänische Spezialitäten S. 26 | Blogs & Podcasts S. 39 | Von Bären und Menschen S. 40 | Draculamythos S. 47 | Kirchenburgen S. 54 | Bücher & Filme S. 66 | Die Orthodoxie S. 76 | Vom Don an die Donau S. 93

AUF DEM TITEL
Schwimmende Inseln, Sandbänke und Einsamkeit S. 92
Café und Artwork S. 13

ENTDECKEN SIE RUMÄNIEN!

Unsere Top 15 führen Sie an die traumhaftesten Orte und zu den spannendsten Sehenswürdigkeiten

Die Highlights sind in der Karte auf dem hinteren Umschlag eingetragen

1 Lustiger Friedhof
Darf denn der Tod auch eine fröhliche Angelegenheit sein? In Săpânţa in der Maramureş ist das durchaus möglich (Seite 33)

2 Eishöhle Scărişoara
Der weltweit zweitgrößte unterirdische Gletscher, ein einzigartiges Naturdenkmal (Seite 36)

3 Naturpark Retezat
Wilder geht es nicht. In dem Gebirgszug ist der Wanderer fast allein mit Bären und Gämsen (Seite 41)

4 Schwarze Kirche
Die jetzt graue Kirche in Kronstadt ist das größte evangelische Gotteshaus in Südosteuropa (Seite 45)

5 Peleş
Märchenhaftes Domizil – ein eklektizistischer Bau mit reichem Interieur (Seite 49)

6 Biertan
Die schönste Wehrkirche der Siebenbürger Sachsen steht auf der Weltkulturerbeliste der Unesco (Seite 56)

7 Sibiel
Wo Rumäniens schönste Ikonen zusammengetragen wurden (Seite 57)

8 Sighişoara
Fast zu schön, um wirklich wahr zu sein: Wie eine mittelalterliche Puppenstube klebt das Siebenbürger Städtchen an seinem Berg (Seite 57)

> DIE BESTEN MARCO POLO HIGHLIGHTS

9 Parlamentspalast
Gigantomanie auf Kosten des Volkes: Das zweitgrößte Gebäude der Welt in Bukarest ließ der größenwahnsinnige Diktator Ceauşescu bauen (Seite 64)

10 Brâncuşi-Park
Die „Säule ohne Ende", den „Tisch des Schweigens" und das „Tor des Kusses": Die Kunstwerke des berühmten Bildhauers Constantin Brâncuşi im Park von Târgu Jiu sollten Rumänienbesucher gesehen haben (Seite 70)

11 Curtea de Argeş
Die Fürstenkirche im Kloster Curtea de Argeş gilt als ältestes original erhaltenes rumänisches Gotteshaus in der Walachei (Seite 71)

12 Bicaz-Klamm
Der Volksmund nennt sie „Höllenschlund": Die atemberaubend enge Schlucht in den Ostkarpaten ist nichts für Klaustrophobiker (Seite 77)

13 Voroneţ
Das leuchtende Voroneţ-Blau des schönsten Moldauklosters wurde zum Begriff in der Kunstgeschichte (Seite 81)

14 Caraorman
Der Urwald im Donaudelta ist sehr verlockend, aber man kann sich dort hoffnungslos verirren (Seite 91)

15 Jurilovca
Mitten im Delta fühlen sich die russischen *lipoveni* seit 300 Jahren zu Hause (Seite 92)

Bran (Törzburg) in Siebenbürgen

Rumänien gilt als Land der Schauergeschichten, erfundener und wahrer. Doch Dracula und Ceauceşcu sind Vergangenheit. Das neue EU-Land darf endlich mit seinen Pfunden wuchern – mit dem lieblichen Siebenbürgen und seiner mittelalterlichen Kultur, mit den farbenprächtigen Klöstern der melancholischen Moldau und mit der grandiosen Natur der Karpaten und des Donaudeltas. Sicher, die touristische Infrastruktur ist noch lückenhaft, doch gerade die unverfälschte Ursprünglichkeit macht Rumäniens Reiz aus. Touristen werden hier kaum erwartet, Gäste hingegen immer.

> Ein Telefonat mit der rumänischen Zugauskunft. Ich möchte wissen, wann Züge von Temeswar nach Arad fahren, zwei Städte im Westen Rumäniens, eine Strecke von 50 km. Die Dame am Telefon nennt drei Züge. Nun möchte ich aber auch die Abfahrtstermine für die Rückreise haben. „Warum wollen Sie das denn wissen?" wundert sich die Frau. Da hilft nur eines: Ich erzähle der anonymen Angestellten der staatlichen rumänischen Eisenbahn schlicht und einfach, weshalb ich nach Arad fahren will. Nach diesem Outing öffnet auch die Beamtin ihre Seele und gibt mir die Abfahrtszeiten und weitere Tipps für den Aufenthalt mit auf den Weg.

So ist das Leben in Rumänien. Institutionen fangen jetzt erst an, sich als Gebilde im Dienst des Bürgers zu begreifen – doch der persönliche Kontakt rettet im Prinzip alles. „Ein trauriges Land voller Humor": Der Satz eines rumänischen Schriftstellers wurde zum geflügelten Wort, das die mit Selbstironie gesegneten Rumänen immer wieder gern zitieren.

Das neue EU-Land Rumänien mit seinen rund 21,6 Mio. Einwohnern liegt dort, wo die Vorstellungswelt des Westbürgers über das, was zu Europa gehören könnte, aufhört. Eingekeilt zwischen Bulgarien und Serbien-Montenegro im Süden, der Ukraine im Norden und Ungarn im Westen, im Osten vom Schwarzen Meer umspült, kuschelt sich das Land um den Karpatenbogen herum und in sein Inneres hinein. Ein schönes Land, das sonst in der Welt v. a. durch Berichte über den Terror des 1989 gestürzten Diktators Nicolae Ceauşescu aufgefallen ist, über verhungernde Waisenkinder, Korruption und wirtschaftliche Misere. Dies ist die leider wahre eine Seite der Medaille, doch die andere gibt es auch: die herzlichen, offenen Menschen,

> *Herzliche, offene Menschen voller Selbstironie*

„Bibel der Armen": die prachtvollen Außenfresken am Kloster Humor in der Bukowina

die großteils unberührte Natur in der lieblichen Bergwelt – wenn auch mitunter durch Industriewracks und Plattenbauten verschandelt –, die geheimnisvollen Höhlen in den Karpaten, die mittelalterlichen Baudenkmäler in Siebenbürgen und in der Moldau, die fabelhafte, einzigartige Flora und Fauna des Donaudeltas, die authentische Folklore in den Dörfern und die Strände am Schwarzen Meer. Von den insgesamt 245 km Schwarzmeerküste werden v. a. die 40 km zwischen Constanţa und Vama Veche touristisch genutzt. Der Abschnitt wirkt wie eine einzige Freiluftparty: ein Hotelkasten neben dem anderen, eine Kneipe neben der anderen.

Für Rucksacktouristen ist Rumänien eine reizvolle Herausforderung. Sie kommen bei Touren durch die atemberaubende Landschaft in den Apuseni, der Maramureş, Siebenbürgens und der Bukowina auf ihre Kosten. Wer Neugier, etwas Abenteuerlust

und Kommunikationsfreude mitbringt, vermag im Karpatenland eine Menge zu entdecken, wenn er es auf eigene Faust erkundet. Vor allem in den Dörfern und Tälern tut sich eine Vielfalt an Sitten und Bräuchen auf, beeinflusst von Orient, Okzident und der heidnischen Vorgeschichte.

Der Zustand der Landstraßen hat sich deutlich gebessert – was aber nicht heißt, dass nirgendwo mehr ein Schlagloch anzutreffen wäre. Nicht nur deshalb sollten sich Autofahrer auf den verführerisch ebenen Straßen nicht zum Rasen verleiten lassen. Die

> Geheimnisvolle Höhlen, unberührte Urwälder

Gebirgsserpentinen und Fernstraßen werden auch von Fußgängern und unbeleuchteten Pferdewagen benutzt. Der Zugverkehr hat sich nicht entscheidend verbessert. Zuverlässige, relativ schnelle Verbindungen gibt es nur zwischen den größeren Städten. Der Nahverkehr ist eine Katastrophe. Kurze Wege dauern aus unerfindlichen Gründen Ewigkeiten, weshalb die meisten Pendler einfach per Anhalter fahren.

Langsam und leise sind vor allem in Siebenbürgen und in der Bukowina blitzsaubere private Pensionen entstanden, ein Netz von Privatquartieren bei Bauern hat sich entwickelt. Auf die Tristesse realsozialistischer Hotels ist keiner mehr angewiesen.

Was Fremde in Rumänien immer wieder verblüfft, ist das scheinbar

WAS WAR WANN?

Geschichtstabelle

2000 v. Chr.–7. Jh. n. Chr. Daker und Geten; erste griechische Siedlungen; 106 römische Provinz; Goten, Hunnen, Slawen, Ungarn, Tataren durchziehen und unterwerfen teilweise das Land

7.–10. Jh. Erste Fürstentümer in der Moldau und der Walachei

1150 Ungarns König Geza II. holt deutsche Siedler sowie den Deutschen Ritterorden ins Land

15.–16. Jh. Türkische Herrschaft über Moldau, Walachei und Transsilvanien

1593–1601 Michael der Tapfere erobert Siebenbürgen und Moldau; er einigt die drei Fürstentümer für ein Jahr

1688 Siebenbürgen kommt zu Ungarn

1859 Fürst Alexandru Ioan Cuza vereinigt Moldau und Walachei

1877–1881 Karl von Hohenzollern-Sigmaringen wird König Carol I.

1918 Siebenbürgen kommt zu Rumänien

1940 Militärdiktatur von Marschall Ion Antonescu; Pakt mit Hitler-Deutschland

1944 Antonescu wird von König Mihai gestürzt; Rumänien tritt in den Krieg gegen Deutschland ein

1947 Kommunisten übernehmen die Macht; der König geht ins Exil

1965 Der spätere Diktator Nicolae Ceauşescu wird Generalsekretär und Staatschef

1989 Dezemberrevolution. Ceauşescu und seine Frau Elena werden zum Tode verurteilt und sofort erschossen, die Macht ergreifen Reformkommunisten unter Ion Iliescu

2007 Rumänien tritt der EU bei

unglaubliche Nebeneinander von Dingen und Zuständen, die nicht zusammenpassen. Auf dem Land stehen bittere Armut, Aberglaube und Analphabetismus neben dem Neureichtum der jüngeren Generation, die es dank Gastarbeit im Westen zu Einfamilienhaus und Auto gebracht hat. In Bukarest swingt die aufstrebende Jugend zwischen Handy und Internet, daneben stehen Horden von Bettlern. Kinder leben auf der Straße, kommunizieren aber per E-Mail. Es gibt Bewohner in Plattenbauvierteln, die auf offener Straße Hühner, Lämmer und Schweine schlachten.

Nach 1989 war Rumänien wirtschaftliches Schlusslicht in Europa. Doch seit 2000 hat ein kräftiger Aufschwung mit traumhaften Wirtschaftsdaten eingesetzt. Fast alle staatlichen Industrieungetüme wurden privatisiert, viele ausländische Investoren ließen sich nieder. Junge Leute streben v. a. in die Computerbranche. Rumänien gehört mittlerweile zu den sechs Ländern weltweit mit den meisten IT-Spezialisten pro Kopf. Doch bei weiten Teilen der Bevölkerung ist der Aufschwung noch nicht angekommen. Vor allem Alte leiden unter den hohen Strom- und Heizkosten, die im Winter ihre Rente oft übersteigen.

Der EU-Beitritt hat den historischen Traum eines Volkes erfüllt, das stets zwischen den Imperien und Machtblöcken in einer Grauzone lag und eine Ausnahmestellung hatte. Umgeben von slawischen Völkern, ist Rumänien eine romanische Sprachinsel, entstanden durch die Verschmelzung des Urvolks der Daker mit den Römern, die das Land unter Kaiser Trajan 106 n. Chr. besetzten. Jahrhundertelang waren die rumänischen Fürstentümer Spielball der wechselnden Kräfteverhältnisse zwischen Österreich-Ungarn, Russland und der Türkei. Unter Ceauşescu geriet Rumänien erneut in eine Sondersituation, weil der Diktator nach Unabhängigkeit von Moskau strebte und das Land in die außenpolitische Isolation trieb. Nach seinem Sturz im Zuge des blutigen Volksaufstands im Dezember 1989 kamen nur mäßig gewendete Kommunisten unter Präsident Ion Iliescu an die Macht. Seither gab es schon drei demokratische Machtwechsel.

> Unglaubliches Nebeneinander von Dingen und Zuständen

Vielleicht ist es sogar ein Vorteil, dass Rumänien wegen der unzureichenden Infrastruktur noch nicht vom Massentourismus überrollt wurde. So können Reisende das normale Leben im Karpatenland in unverfälschter Form kennenlernen: beim Schlendern durch die verträumten mittelalterlichen Städte in Siebenbürgen, bei Touren zu den wunderschönen Moldauklöstern und im Naturparadies Donaudelta.

Sighişoaras mittelalterlicher Kern steht unter Denkmalschutz

TREND GUIDE RUMÄNIEN

Die heißesten Entdeckungen und Hotspots! Unser Szene-Scout zeigt Ihnen, was angesagt ist

Christa Manta
ist in Kronstadt, im Herzen der Karpaten, aufgewachsen. Die Journalistin, die unter anderem für die Deutsche Allgemeine Zeitung in Bukarest arbeitet, studierte in München und Paris. Doch ihr Herz hing immer an Rumänien. Vor allem die Hauptstadt hat es ihr angetan. Warum? Weil sich Bukarest täglich neu entdecken lässt, sich dort ständig neue Trends entwickeln und die junge Szene sehr aktiv ist.

FILM AB!

Im Land der Cineasten

Aufbruchstimmung in der rumänischen Filmszene. Während junge Regisseure internationale Preise holen – zum Beispiel Cristian Mungiu die goldene Palme in Cannes – entdeckt Hollywood das Land als Drehort. Nicole Kidman reiste für *Cold Mountain* in die Karpaten, Borat in die Walachei, Francis Ford Coppola drehte *Youth without Youth* in Bukarest. Als Drehort besonders beliebt ist der Platz der Revolution (Foto). Noch unbekannte Regisseure und Movies promotet das Internationale Independent-Filmfestival *Anonimul (www.festival-anonimul.ro)* in unfassbar schönem Ambiente zwischen Donaudelta und Schwarzem Meer. Die Streifen laufen auf einer großen Open-Air-Leinwand. Freiluftfeeling auch in Bukarest – im Biergarten-Bar-Kino *E-Uranus*. Ein Liegestuhl, einen Drink in der Hand, ein guter Film unter freiem Himmel *(Str. Uranus 144)*. Streifen im Original mit Untertiteln laufen in den alten sozialistischen Kinos mit monumentalem Interieur und Kuschelsesseln – zum Beispiel im *Patria (Heimat)* in Bukarest *(Bld. Gheorghe Magheru 12)*.

SZENE

KUNST UND CAFÉ

Abseits vom Mainstream

Die Fusion von Kunst und Gastro ist hip! Die *UNAgaleria* bietet spannende Ausstellungen und einen tollen Biergarten mit Elektromusik, Salat und Kräuterbrot *(G-ral Budișteanu 10, Bukarest, http://unagaleria.blogspot.com)*. Das *Bistro de l'Arte (Piața Enescu 11, www.bistrodelarte.ro)* in Kronstadt tischt Frühstück, Bistrofood und Kuchen auf. Dazu gibt es Vernissagen und Livemusik . Als moderner Glasbau klebt das *MNAC* – Museum für zeitgenössische Kunst – an Ceaușescus Palast in Bukarest. Im Inneren befindet sich ein cleanes Café mit Sitzwürfeln *(Str. Izvor 2-4, Eingang über 13 Septembrie, www.mnac.ro,* Foto*)*. Im *Erasmus Büchercafé* in Hermannstadt schmökert man in deutschen Büchern. Bei schönem Wetter finden im Innenhof Konzerte und Ausstellungen statt *(im Friedrich-Teutsch-Haus, Str. Mitropoliei 30)*.

BIKER'S PARADISE

Abenteuer in wilder Landschaft

Schlamm, Steine, Trampelpfade oder Bachbetten: Rumänien ist das Enduro-Paradies Europas. Biker begegnen höchstens mal einem mit Heu beladenen Pferdewagen. Spannende Touren lassen die Herzen von Abenteuerfreaks höher schlagen. Außerdem gibt es immer mehr Competitions *(www.ktmadventuretours.com)*! Je nach Können und Erfahrung wird man unterschiedlichen Gruppen zugeordnet, die Motorradtouren sind abwechslungsreich, die Guides erfahren. Zum Konzept der *Rallye Enduromania (www.enduromania.ro,* Foto*)* gehört neben dem Fahrspaß auch Land und Leute kennenzulernen. Vier Tage Adrenalin pur garantiert *Red Bull Romaniacs (www.redbullromaniacs.com)*, ein Wettbewerb mitten in Transsilvanien. Antreten kann jeder, von der Touristen- bis zur Profiklasse.

COOLE CLUBS

Die neuen Areas für Nachtschwärmer

Vorbei die Zeiten sozialistisch anmutender Großraumdiskos! Die neuen Clubs in Rumänien sind fancy und stylish und nicht selten von Architekten designt. So gewährt zum Beispiel das *Up Town* einen tollen Blick über die Dächer von Hermannstadt *(Str. Semaforului Nr. 44)*. Der *Club Two* in Constanţa an der Schwarzmeerküste *(Str. Marc Aureliu 11, www.clubtwo.ro)* ist en vogue, das Publikum posh und das Design futuristisch. Die DJs gehören zu den besten in Rumänien. Und der *Club Ultima Playa* aus Mamaia verwandelt sich im Sommer in einen Beachclub *(circa 250 m vom Hotel Lido in Richtung Năvodari)*.

BEAUTY-QUICKIES

Schnelle Schönheit für Zwischendurch

Eine Maniküre in der Mittagspause, abends schnell zur Massage oder eine Maske zwischen Sushi und Shopping: Beauty-Quickies sind in Bukarest superhip. Die Preise sind moderat, die Anwendungen ein Mix aus modern und altbewährt. Im Beauty-Salon *90-60-90* gibt's gängige Kosmetikbehandlungen und abgefahrene Bodypaintings *(Str. Gabroveni 24, www.beauty90-60-90.ro)*. Die Spezialität bei *Api Estetic* sind Behandlungen mit Bienenwachs und -honig. Very sophisticated *(C.A. Rosetti 31, www.apiestetic.ro)*! Mit viel Chichi verwöhnt das *Cella Centre* seine Gäste, etwa bei der Massage mit vulkanischen Steinen oder im ionisierten Bad *(Str. Elefterie 54)*.

DESIGN 4 YOU

Individuell und kultig

Die Designtalente sind auf dem Vormarsch und die witzigen und stylishen Entwürfe, wie z. B von *Lili Art*, sind derzeit der letzte Schrei. Die Individualistin verkauft bemalte Aschenbecher, Vasen und Spiegel übers Internet. Exzentrisch und garantiert einzigartig *(http://liliart.blogspot.com)*. Sehr modern sind die Entwürfe des Schmuckdesigners *David Sandu*. Seine aktuelle Kollektion ist vor allem puristisch und technisch inspiriert, wie die quadratischen Ringe, bei denen drei Materialien übereinandergelegt und an den Ecken miteinander verschraubt sind (Calea Victoriei 136, Bukarest, *www.davidsandu.ro*).

MODEAUFSCHWUNG

Shootingstars der Branche

Rumänische Designer sind auf dem Vormarsch: funky Fashion, Einzelstücke, und erschwingliche Preise! Der prämierte *Olah Gyarfas* entwirft schräge Streetwear. Ein Besuch in seinem Laden im In-Viertel Lipscani lohnt und Designschnäppchen sind garantiert *(Glasbläserhof, Str. Şelari 9–11, 1. Stock, Bukarest, www.rozalbedmura.ro,* Foto*). Irina Schrotter (www.irinaschrotter.ro)* hat sich in Rumänien schon einen Namen gemacht – mit verspielt-erotischen und gleichzeitig hippen Entwürfen vom Sommerkleid bis zur Abendrobe. Mit Dessous von *Sarrieri* klopft die Verführung an: Die Kreationen von sportlich bis very hot haben sich bis zu den *Galéries Laffayette* in Paris herumgesprochen *(www.sarrieri.com)*. Die drei Designerinnen von *DaDa* kreieren Mode, Accessoires und Schuhe in besonderen Schnitten und Stoffen *(Mario Plazza, Calea Dorobanţilor 172, Bukarest)*.

JAZZFIEBER

Es swingt vom Berg bis in den Keller

Die rumänische Jazzszene hat sich frei gespielt. Die Künstler gelten als besonders kreativ und es swingt allerorten, nicht nur in den Städten. Zum Beispiel auch in einem kleinen, versteckten Bergdorf, das seit zehn Jahren ein großes Jazzhappening ausrichtet: das *Garana Jazz Festival*. Mit Decke und Picknickkorb kann man auf der Wiese weltberühmten Jazzmusikern lauschen, wie etwa dem Saxophonisten Jan Garbarek *(www.garana-jazz.ro)*. Mitten in Bukarest liegt der *Art Jazz Club*. Eng und cosy, gute Kelleratmosphäre, super Acts, nettes Publikum – alles, was ein Jazzclub braucht *(Bld. Nicolae Bălcescu 23a, www.artjazzclub.ro)*. Hervorragend italienisch speisen und dabei Livekonzerte hören kann man freitags im *Lobb's*, ebenfalls in Bukarest *(Bld. Expoziţiei 2, in World Trade Plaza, Tel. 021/224 27 13)*.

VON BRÂNCUȘI BIS STRASSENKINDER

Politik, Kultur, Gesellschaft – Wissenswertes über ein Land voller Gegensätze

CONSTANTIN BRÂNCUȘI

Der Bildhauer Constantin Brâncuşi (1876–1957) gilt als bedeutendster Künstler Rumäniens. Ab 1904 lebte er in Paris und beeinflusste mit seinen abstrakten Arbeiten die moderne Bildhauerei. Viele seiner Objekte stehen in den Museen von Paris und New York. In seiner Heimat ist u.a. die „Säule der Unendlichkeit" im südrumänischen Târgu Jiu zu sehen.

CONDUCĂTOR

„Lenker" war nur einer der Titel, mit denen sich der Diktator Nicolae Ceauşescu (1918–1989) schmückte. Die Hofpoeten nannten ihn auch „Titan der Titanen" und „Genie der Karpaten". Das Kind armer Bauern wurde in der Vorkriegszeit während

Bild: Dörfliche Landschaft in den Westkarpaten

STICH WORTE

seiner Schusterlehre Kommunist. 1965 kam er nach dem Tod des stalinistischen Führers Gheorghe Gheorgiu-Dej an die Macht, gefördert von einer gemäßigten Fraktion der rumänischen Kommunisten, die glaubte, den hilflos wirkenden Bauernsohn leicht gängeln zu können. Sie täuschten sich gewaltig, denn Ceaușescu entwickelte sich zum brutalsten Diktator, den das Land je gekannt hat. Zunächst gewann er die Sympathie des Westens und des Volkes, indem er einen Emanzipationskurs gegenüber Moskau einleitete. 1968 weigerte er sich, mit den Partnern des Warschauer Paktes in die Tschechoslowakei einzumarschieren. Und 1980 kritisierte er den Einmarsch der Sowjets in Afghanistan. Doch nach innen verstärkte er mit Hilfe seiner gefürchteten Geheimpolizei *Securitate* schrittweise den Terror. Die Wirtschaft brach zusammen, das Volk darbte. 1980 begannen die schlimmsten Hungerjahre, als Ceauşescu sich in den Kopf setzte, alle Auslandsschulden zu bezahlen. 1989 wurde er hingerichtet.

MIHAI EMINESCU

Der Lyriker gilt als Rumäniens Nationaldichter (1850–1889). In seinen Versen, die sich stark an der deutschen Romantik orientierten, griff er viele Motive der rumänischen Volksdichtung auf. Als politischer Essayist vertrat er aber auch nationalistische und antisemitische Positionen.

GEORGE ENESCU

Rumäniens international renommiertester Komponist (1881–1955) ließ in seine Werke Elemente der Volksmusik einfließen. Enescu war Zeitgenosse und Geistesverwandter des ungarischen Komponisten Béla Bartók. Seine bekanntesten Kompositionen sind die zwei Rhapsodien.

ERDBEBEN UND SCHLAMMVULKANE

Rumänien ist erdbebengefährdet, v.a. die südliche Region um Bukarest. Beim bisher verheerendsten Beben 1977 kamen über 1500 Menschen ums Leben. Das Epizentrum liegt meist im Karpatenknie. Die blubbernden Schlammvulkane, *Vulcanii Noroioşi*, nordwestlich von Buzău am Fuß der Südkarpaten haben mit Vulkanismus eigentlich nichts zu tun, sondern sind ein Resultat des Gasgehalts im Erdinneren. Bei dem eigenartigen Spektakel ist Vorsicht geboten: Man kann im Schlamm versinken.

FAUNA UND FLORA

Rumäniens Naturparadiese in den Bergen und im Donaudelta sind durch Umweltverschmutzung bedroht, bieten aber immer noch einzigartige Erlebnisse. In den Karpaten leben

Speien keine Lava, sondern nur Schlamm: Rumäniens Vulkane

Wölfe, Luchse, Wildkatzen, Gämsen, Edelmarder, Wildschweine, Hirsche, Rehe und Mufflons. Mit rund 5000 Exemplaren ist die Bärenpopulation europaweit die größte. Diese Tatsache lockt zunehmend Jäger aus dem Ausland an. Das Donaudelta steht als Fisch- und Vogelparadies unter Naturschutz. Hier leben die einzigen Pelikane Europas. Das Schwarze Meer bevölkern kleine Delphine.

Reich ist Rumäniens Bergwelt vor allem an Laub- und Nadelwäldern, darunter auch große Urwälder. An vielen Stellen sind sie aber durch unkontrolliertes Abholzen bedroht. Das hat mancherorts schon zu Bodenerosion und Erdrutschen geführt. An den Hängen der Karpaten und im kargen Dobrudscha-Hochland im Osten wird traditionell Wein angebaut. Der heiße Süden des Landes wird weitgehend für Getreideanbau genutzt. Hier gedeihen auch Feigen und Oliven.

EUGÈNE IONESCO

Der bekannteste rumänische Bühnenautor (1909–1994) gilt als einer der Hauptvertreter des absurden Theaters. Er lebte ab 1938 in Paris. Ionescos Stücke sind Persiflagen der kleinbürgerlichen Welt, wobei er die Banalität bis zum Äußersten ins Surreale und Groteske steigerte.

MINDERHEITEN

Die größten Minderheiten in Rumänien sind die Roma und die Ungarn. Zuverlässige Angaben über die Stärke dieser Gruppen gibt es nicht, denn die Statistiken sind politisch beeinflusst. Sie dürfte zwischen 1,5 und 2 Mio. Menschen liegen. Seit 15 Jahren verlassen v. a. die Ungarn massiv das Land. Noch vor der Wende war die einst starke deutsche Minderheit ausgewandert. 1930 gab es rd. 800 000 Siebenbürger Sachsen und Banater Schwaben in Rumänien, heute sind es unter 50 000. Von der jüdischen Bevölkerung, die vor dem Krieg auch rund 800 000 Menschen zählte, fiel etwa die Hälfte dem Holocaust zum Opfer. Die Überlebenden wanderten nahezu alle nach Israel aus, sodass nun weniger als 20 000 Juden in Rumänien leben. Als winzige Minderheiten sind noch Serben, Kroaten, Tataren, Türken, Russen, Bulgaren, Griechen und Armenier vertreten.

REVOLUTION

Ob es tatsächlich eine Revolution war, die im Dezember 1989 zum Sturz des Diktators Ceauşescu führte, ist umstritten. Zwar gab es einen blutigen Volksaufstand mit Schießereien und Straßenkämpfen, die mehr als 1000 Menschen das Leben kosteten. Doch deutet vieles auf eine Palastrevolte der so genannten Wendekommunisten hin, die von Ceauşescu genug hatten. Die Gruppe um den ersten Nachwendepräsidenten Ion Iliescu übernahm damals sofort die Macht und ließ die Opponenten aus der Ceauşescu-Zeit gar nicht erst zum Zuge kommen. Dem Iliescu-Zirkel wird vorgeworfen, unnötige Schießereien provoziert zu haben, um sich selbst als Garant für Ruhe und Ordnung zu präsentieren und damit die Macht zu festigen. Doch ohne Zweifel gärte die Stimmung im Volk schon Monate vor Ceauşescus Sturz.

Im übrigen Ostblock begannen Mauern und Stacheldrähte zu fallen. Startsignal für die Wende war am 17. Dezember 1989 eine Dauerprotestdemonstration im westrumänischen Timişoara (Temeswar). Dabei ging es zunächst nur um Solidarität mit dem dortigen ungarisch-protestantischen Pastor Laszló Tökes, der als Regimegegner verfolgt wurde. Doch bald riefen die Demonstranten „Nieder mit Ceauşescu", und erste Schüsse fielen. Die revolutionäre Stimmung erfasste das ganze Land, v. a. die Hauptstadt Bukarest. Dort hielt der sichtlich verzweifelte Ceauşescu am 22. Dezember noch eine Rede an das Volk, in der er Lohnerhöhungen versprach. Doch er wurde ausgebuht und floh mit seiner Frau Elena in einem Hubschrauber. Der Pilot war schon mit den Revolutionären im Bunde. Das Ehepaar Ceauşescu wurde verhaftet und am 25. Dezember 1989 auf Geheiß der Iliescu-Gruppe nach einem geheimen, international kritisierten Schnellverfahren hingerichtet.

ROMA

Man sieht sie oft am Straßenrand, auf Pferdewagen. Auffällig sind bei den traditionell lebenden Roma die Frauen mit ihren leuchtend bunten, krausen Röcken und den langen geflochtenen Zöpfen. Der Begriff „Zigeuner", den die westeuropäischen Sinti als diskriminierend empfinden, gilt auch in seiner rumänischen Form „ţigani" als abwertend. Doch bezeichnen sich viele Roma selbst als „ţigani", und das in zwiespältiger Weise: manche mit Stolz, andere mit Melancholie. Einst ein unterdrücktes Volk werden sie auch heute noch ausgegrenzt. Ihre lang trainierte Überlebensstrategie außerhalb von Konventionen macht sie immer noch zu Außenseitern. Und für viele Rumänen zu Sündenböcken für die eigene Frustration. Manche Roma leben traditionell und rückständig, andere versuchen die Integration. Einige haben es zu Wohlstand gebracht, der an ihren kuriosen Palästen an den Stadt-

> RUMÄNISCHE RENAISSANCE

Wo Venedig und Orient aufeinandertreffen

Der vom kunstsinnigen Walachenfürsten Constantin Brâncoveanu geförderte Stil ist eine Synthese aus venezianischen und orientalischen Einflüssen, die Kirchen, Wohnhäuser und Paläste an der Wende zum 18. Jh. prägte und „rumänische Renaissance" genannt wurde. Brâncoveanu unterhielt Geschäftsbeziehungen nach Venedig und Konstantinopel und brachte Baumeister aus beiden Städten mit. Von den Italienern lernten die Rumänen, größere, offenere Räume zu bauen und den Stein bildhauerisch zu bearbeiten. Charakteristisch sind die reichen feingliedrigen abstrakten oder floralen Ornamente an Fenster- und Türrahmen, die zwar von der Form her orientalisch sind, aber in westlicher Technik als Reliefs in Stein gehauen sind und nicht aufgemalt wurden. Markenzeichen ist der „Bogen mit Akkolade" an den Säulenarkaden, der aus einem Spiel mit der gotischen Spitzbogenform entstanden ist.

Die Idylle täuscht: Roma werden in Rumänien nach wie vor ausgegrenzt

rändern sichtbar wird: pagodenartige Häuser aus Marmor mit Säulen, Türmchen und aufwärts geschwungenen Dächern.

Vom 15. Jh. an wanderten die Roma aus Indien in die rumänischen Fürstentümer ein und lebten dort als Leibeigene von Adligen und Klöstern. 1859 wurden sie offiziell aus der Sklaverei befreit. Traditionell waren sie Kesselflicker, Bärenführer und Musikanten bei Hochzeiten, Taufen und Beerdigungen. Auch heute werden zu Festen oft Romamusiker engagiert. Zu den besten gehört eine Band aus dem bitterarmen südrumänischen Dorf Clejani, die als „Taraf des Haidouks“ immer wieder in Westeuropa gastiert und CDs vertreibt. (Insider Tipp)

STRASSENKINDER

An fast jeder Verkehrsampel stürzen die Straßenkinder auf die wartenden Autos zu und putzen die Scheiben in der Hoffnung auf ein bisschen Geld. Viele leben in der Kanalisation. Ihre Zahl soll sich in den letzten Jahren verringert haben. Schätzungen zufolge sind es heute landesweit 2000, davon die Hälfte in Bukarest. Die Straßenkinder sind sowohl Resultat der Armut als auch des kommunistischen Regimes. Ceauşescu hatte in den 1980er-Jahren Verhütungsmittel verboten, Abtreibungen wurden streng bestraft. So kamen v. a. in armen Familien viele ungewollte Kinder zur Welt, die von den Eltern verstoßen wurden. Das kommt weiterhin vor, weil es an Aufklärung über Verhütung mangelt. Immer wieder lassen Mütter ihre Babys nach der Geburt im Krankenhaus zurück. In manchen Kliniken werden Gebärende inzwischen fotografiert, um die Ermittlungen zu erleichtern, falls sie ohne ihr Baby klammheimlich das Weite suchen.

VON HEILIGEN UND HIMMELFAHRTEN

Rumänen feiern am liebsten und am intensivsten die religiösen Feste

> Das rumänisch-orthodoxe Osterfest, meist eine Woche nach den katholisch-protestantischen Ostertagen, ist das wichtigste religiöse Fest und interessant für Reisende, die Folklore in voller Pracht erleben wollen.

Nach dem Fall des Kommunismus erinnern sich die Menschen fast jedes Jahr an einen weiteren, vergessenen Heiligen, der gefeiert werden muss, oder an einen alten Brauch aus der Vorkriegszeit, den es zu beleben gilt.

GESETZLICHE FEIERTAGE

1. und 2. Jan. *Neujahr;* **Ostern: 27. April 2008, 19. April 2009; 1. Mai** *Tag der Arbeit;* **15. Aug.** *Mariä Himmelfahrt;* **1. Dez.** *Nationalfeiertag;* **25./26. Dez.** *Weihnachten*

FESTE UND VERANSTALTUNGEN

31. Dez./1. Jan.

Gruppen von Kindern und Jugendlichen ziehen von Haus zu Haus, singen ein Weihnachtslied oder sagen Neujahrsverse auf und erwarten dafür eine kleine Geldspende.

März/April

Jazzfestival in Sibiu (Hermannstadt) Insider Tipp

April

3. Sonntag: Hirtenfest in Răşinari bei Sibiu

Mai/Juni

Jazzfestival Napocensis in Cluj-Napoca (Klausenburg)

Bookarest in Bukarest – einwöchige *Buchmesse* – eine der wichtigsten Gelegenheiten, um in die Literaturszene zu sehen und von ihr gesehen zu werden. Insider Tipp

Bauern-Handwerksmesse im Bukarester Dorfmuseum – Volkskünstler aus ganz Rumänien zeigen Wollteppiche, Töpfer- und Webarbeiten, z. T. auch Verkauf.

Juli

Alt-Bukarest-Festival: Straßenfest zur Erinnerung ans Hauptstadtleben im 19. Jh., mit Kostümumzügen, Kutsch-

> EVENTS FESTE & MEHR

fahrten, Straßenmusik und Straßentheater

Mädchenmarkt am Găina-Berg im Kreis Alba südlich von Oradea. Früher ein richtiger Markt, der von den jungen Leuten aus den entlegenen Gebirgsdörfern als Gelegenheit genutzt wurde, Heiratswillige zu treffen. Noch heute ist es ein Treffpunkt für junge Leute, mit Rockkonzerten und Folklore – und zunehmend für Rucksacktouristen aus dem Ausland, die dort kräftig feiern und die Nacht im Zelt verbringen.

August

Hora de la Prislop: Trachtengruppen aus allen Teilen Rumäniens treffen sich und tanzen die Hora (eine Art Reigen) auf dem Pass Prislop im östlichen Teil der Maramureş

Festival der mittelalterlichen Kunst in Sighişoara (Schässburg), mit Straßenmusik, Gauklern und Straßentheater (darunter eine simulierte Hexenverbrennung). Das Publikum ist jung und vergnügungsfreudig.

15. August (Mariä Himmelfahrt): großer Wallfahrtstag in fast allen Klöstern

Schlagerfestival in Mamaia am Schwarzen Meer – gesucht wird das beste Lied Rumäniens

August/September

Rockfestival *Stufstock* in Vama Veche am Schwarzen Meer

September

1. Sonntag: Töpfermarkt in Sibiu (Hermannstadt)

Zigeunerwallfahrt Sântă Mărie Mică zum Kloster Bistriţa bei Costeşti

Oktober

Enescu-Festival in Bukarest, internationaler Wettbewerb für klassische Musik (alle zwei Jahre, das nächste Mal 2009)

26. Oktober: Tag des heiligen Dumitru – spektakuläre Prozession um die Reliquien des Bukarester Schutzpatrons. Sie werden nur an diesem Tag aus der Patriarchenkathedrale herausgetragen und von Menschenmassen bewundert.

> SCHLEMMEN NACH GUTER BÄUERLICHER ART

Essen ist in Rumänien eine herzhafte, kalorienreiche Angelegenheit. Gebratenes und Geräuchertes, aber auch pikante Gemüsegerichte kommen auf den Tisch

> Er glänzt goldgelb, Fett trieft. Juliana Patca, Wirtin in einer Familienpension in den Apuseni, serviert die Spezialität des Abends: den balmoş (sprich: ballmosch). Es ist ein Maisbrei, wie die Bauern in Siebenbürgen ihn zubereiten: Ein Kilo Maismehl wird mit zwei Litern saurer Sahne unter stundenlangem Rühren gekocht.
Maisbrei ist das rumänische Nationalgericht, bekannt unter dem Sammelnamen *mămăligă* (mömöligö). Meist bekommt man die banale Variante als Sättigungsbeilage vorgesetzt, bei der das Maismehl nur mit Wasser und Salz gekocht wird. Tatsächlich aber gibt es ein Dutzend Rezepte, je nachdem, ob mit süßer oder saurer Milch, mit Sahne oder Butter zubereitet wird. Krönung ist die Hirtenspeise *bulz:* Ein Stück herbwürziger *burduf*-Käse wird in eine Kugel aus Maisbrei gesteckt und im Ofen gebacken.

Juliana, die im Dorf Ghetar nahe der Eishöhle Scărişoara kocht, tischt

Bild: Weißkohlrouladen, Hackfleisch und mittendrin die goldgelbe Nationalspeise mămăligă

ESSEN & TRINKEN

herzhafte rumänische Bauernküche auf. Speck, Eier und scharfe Würste gibt es schon zum Frühstück, dazu sauer eingelegte Gurken und Paprika. Zu Mittag folgen deftige Fleischsuppen – mit Rind, Fleischklößen oder Kutteln. In Süd- und Nordostrumänien werden diese Suppen meist mit *borş* (borsch), gegorenem Weizenkleiesaft, gesäuert. Enthält eine Suppe *borş*, wird sie *ciorbă* (tschorbö) genannt, sonst heißt sie *supă* (supö).

Die rumänische Küche schmeckt nach den Mächten, die das Land dominierten: Byzanz, Österreich und Russland haben ihren Einfluss hinterlassen. Während des Kommunismus war die Gastronomie zu einem Minimalprogramm verkommen. Jetzt gibt es wieder Wirte, die sich auf die Küche ihrer Großmütter besonnen und dabei die Kräuter wieder entdeckt haben: Liebstöckel, Bohnenkraut, Kümmel, Lorbeer und Basilikum.

Beim Hauptgang dominieren die Braten. Ein Festmahl ohne Schwein ist kaum vorstellbar. „Er ist so traurig, als sei sein Schwein gestorben", sagt man in Rumänien. Auf dem Land hält sich fast jeder zumindest ein Schwein, auch wenn er längst kein Bauer mehr ist, sondern zur Arbeit in die nächste Kleinstadt pendelt. Zwar steht in Rumänien auch Geflügel auf dem Speiseplan, doch nach Diät darf das Federvieh keinesfalls schmecken. So gibt es etwa das *pui cu smântâna* (puj ku smüntüna) – das Sahnehuhn. Dessen Bauch wird mit einem halben Pfund Butter und

> SPEZIALITÄTEN

Genießen Sie die typisch rumänische Küche!

Ardei copţi – gebackene Paprikaschoten in Vinaigrette, Vorspeise

Caşcaval pané – panierter Käse, in der Pfanne gebraten, Standardangebot in rumänischen Restaurants

Ciorbă de burtă – säuerliche Kuttelsuppe, auch klassisch als Katerfrühstück (Foto)

Clătite – Pfannkuchen oder Palatschinken nach österreichischer Art, mit Marmelade oder Schokoladensauce gefüllt

Cozonac – leicht gesüßter weicher Hefekuchen mit Rosinen

Drob de miel – Pastete aus Lamminnereien, wird nur zu Ostern zubereitet

Fasole bătută – pikante Paste aus weißen Bohnen, Vorspeise

Ghiveci – Gemüseeintopf auf der Basis von Auberginen

Icre – Karpfenkaviar, mit Öl und klein gehackten Zwiebeln angerührt

Mititei oder Mici – knoblauchhaltige, scharf gewürzte Hackfleischröllchen, gegrillt

Musaca – überbackener Auberginenauflauf mit Hackfleisch

Papanaşi – warme Quark-Mehl-Krapfen mit Sahne übergossen und mit Beerenmarmelade gekrönt

Pastramă – luftgetrockneter Schaf- und Rinderschinken

Salată de vinete – würziger Brei aus im Ofen gebackenen Auberginen, Vorspeise

Sarailie und Baclava – Blätterteigkuchen mit Nussfüllung, durchtränkt mit Honigsirup

Sarmale – Krautwickel mit Reis-Hackfleisch-Füllung in Sauce, mit saurer Sahne übergossen

Tochitură moldovenească – in der Pfanne gebratene Schweinefleischstücke in scharfer Pfeffersauce, dazu *mămăligă*

Ţuica – scharfer Obstschnaps, der wie ein Aperitif vor dem Essen getrunken wird; am besten ist der aus der Maramureş

Kräutern gefüllt, während des Backens kommt immer wieder Sahne darüber. Die Ente auf Kraut wiederum, *rață pe varză* (ratzö pe varsö), wird mit einem Pfund Gänsefett begossen. Zu fast allen Fleischgerichten passt die traditionelle Knoblauchsauce *mujdei de usturoi* (muschdej de ußturoj).

An der Schwarzmeerküste und im Donaudelta gibt es natürlich Fisch, z.B. als leckere säuerliche Suppe *borș pescăresc*. Spezialitäten sind auch scharfe Frikadellen aus Hecht und Karpfen mit gemahlenen Peperoni und Paprika oder das Fischgulasch *storceag* (stortschag) mit Karfoffelstücken, Sahne und viel Dill. Beim im Ofen gebackenen Karpfen kommen eine ganze Knolle Knoblauch sowie Tomaten, Paprika und Weißwein dazu.

Wer Galle und Leber schonen will, hat es schwer in Rumänien. Vegetarisches gibt es selten, schon weil sich kein Rumäne vorstellen kann, ohne Fleisch satt zu werden. Fleischlos isst man nur während der kirchlichen Fastenzeiten. Immerhin gibt es leckere Gemüsegerichte, so die pikanten Auberginencreme *zacuscă* (sakusskö) als Vorspeise oder den Gemüseeintopf *ghiveci* (djiwetsch).

Bei den Desserts dominieren türkischer und österreich-ungarischer Einfluss: *baclava* und *sarailie* sind Blätterteignusskuchen, aus denen Zuckersirup tropft. Auf siebenbürgischen Speisekarten taucht die k.u.k.-Süßigkeit

Insider Tipp

Vogelmilch *(lapte de pasăre)* auf: In einer Vanillesauce mit Nüssen schwimmen Eiweißbällchen.

Bei den Weinen ist Rumäniens Qualitätspotenzial noch nicht ausgeschöpft. In den Hügeln Siebenbürgens, der Moldau und der südlichen Vorkarpaten werden Cabernet Sauvignon, Merlot und Riesling angebaut. Bekannteste Anbaugebiete sind *Cotnari* (Moldau), wo die süße *Feteasca* (Mädchentraube) wächst, außerdem *Târnave* und *Jidvei* in Siebenbürgen. Typischer sind aber die doppelt bis dreifach gebrannten Schnäpse aus Pflaumen, Äpfeln oder Aprikosen, *țuica* (Tzuika) genannt. Bier wird inzwischen fast nur noch von ausländischen Multis produziert und verkauft. Die bekannteste einheimische Marke ist *Ursus*.

Der gute alte schaumige türkische Kaffee *cafea turcească* (kaffja turtschaskö) ist fast überall westlichem Espresso, Cappuccino, Filter- und Instantkaffee gewichen.

Ob Fleisch, ob Fisch, mămăligă passt immer – selbst zur Forelle

WO MÄRKTE UND BASARE LOCKEN

Trachtenblusen, Tischdecken, Keramik und würziger Käse sind originelle Mitbringsel

> In den großen Städten Rumäniens bekommen Sie inzwischen etliche der Produkte, die auch zu Hause die Kaufhausregale füllen. Sind Sie jedoch an landestypischen Souvenirs interessiert, dann lohnt sich bisweilen die Fahrt aufs Land, gewissermaßen nach Motto: Schon der Weg kann das Ziel sein.

ANTIQUITÄTEN

Insider Tipp In den rumänischen Antiquitätenläden sollten nur wirkliche Kenner kaufen, denn die meisten Objekte sind überteuert und überdies häufig gefälscht. Wer dennoch etwa eine alte Ikone ersteht, braucht eine Ausfuhrgenehmigung vom Denkmalschutzamt *(Oficiul de Patrimoniului)*.

BAUERNMÄRKTE

Das Reizvolle am Einkaufen in Rumänien ist weniger das tatsächliche Erstehen einer Ware, sondern vielmehr der Bummel über die Bauernmärkte, auf denen nicht nur Obst und Gemüse, sondern ein bisschen von allem angeboten wird: von T-Shirts und Unterwäsche bis hin zu Putzmitteln und Geschirr. Autoreisenden werden überall am Straßenrand Händler auffallen, die je nach Saison anbieten, was der Garten hergibt. Im Spätsommer türmen sich Berge süßer Wassermelonen und Tomaten am Fahrbahnrand, im Herbst bieten die Bauern Trauben und Äpfel an. Und man wird feststellen: Das Obst und Gemüse schmeckt intensiver als in Westeuropa, weil es noch mit natürlichen Methoden gezogen wird.

BÜCHER

Wer sich intensiver mit Rumänien beschäftigen möchte, findet eine reiche Auswahl deutschsprachiger Bücher in der Schiller-Buchhandlung in *Sibiu (Piaţa Mare gegenüber dem Rathaus)*. Dieses Geschäft führt nahezu ausschließlich Werke rund um Rumänien, ausführliche Reiseführer zu einzelnen Regionen, Historisches und Literatur. Viele der Bücher wurden vom Hermannstädter Verlag *Hora* herausgegeben, der sich auf Siebenbürgisches spezialisiert hat.

> EINKAUFEN

KUNSTHANDWERK

Mitten in der Landschaft wachsen Verkaufsbuden mit Holzschnitzereien und Decken aus Schafwolle aus dem Boden. Von all den bäuerlichen Handarbeiten erfreuen sich schon seit langem die reich bestickten Trachtenblusen und -hemden großer Beliebtheit bei den ausländischen Gästen. Typisch rumänisch ist die *ie* (sprich: ije), ein Hemd aus hauchdünnem, durchsichtigem Leinen mit bauschigen Ärmeln, das in verschiedenen Farbkombinationen bestickt ist. Solche Blusen, die sich bei großer Hitze sehr angenehm tragen, bekommt man unter anderem auch in den *Artizanat*-Läden.

Wunderschöne weiße Leinentischdecken besticken vor allem die Nonnen in den Klöstern der Moldau.

Berühmt ist auch die Keramik aus dem südrumänischen *Horezu* und aus dem siebenbürgischen Dorf *Corund*.

Der Töpfermarkt in *Hermannstadt* an jedem ersten Sonntag im September ist ein Treffpunkt der Hersteller aus dem ganzen Land.

KÄSE

Zum Verschenken oder zum Selberessen daheim bietet sich der köstliche *burduf*-Käse an, ein original rumänisches Produkt aus Schafsmilch. Er wird in Darmhäuten angeboten oder in Rollen aus Tannenrinde und bleibt, außer bei hochsommerlichen Temperaturen, zwei Tage ohne Kühlung frisch.

Insider Tipp

Direkt vom Hersteller kaufen Sie den *burduf* am einfachsten auf der Landstraße zwischen *Braşov* und *Sibiu*. Auf dem letzten Serpentinenabschnitt kurz vor Sibiu stehen Bauern am Straßenrand und bieten ihren Käse an.

MODE MADE IN RUMÄNIEN

Auch wenn sie auf den ersten Blick vielleicht nicht so aussehen: Rumäniens Konfektionsläden und Schuhgeschäfte lohnen einen Blick, Sie finden dort bisweilen schöne Sachen aus rumänischer Produktion, die vom einheitlichen Massendesign westlicher Kaufhausware abweichen und deutlich billiger sind als vergleichbare Produkte zu Hause.

DER DUFT VON FREIHEIT UND ABENTEUER

Der wilde Westen Rumäniens lockt mit urwüchsigen Landschaften und authentischer Bauernkultur

Hier sagen sich Fuchs und Hase gute Nacht, Freiheit und Abenteuer locken auf unberührten Pfaden, in wilden Bergen, sanften grünen Hügeln und inmitten unverfälschter Bauernkultur. Nur wenige Städte stören dieses Idyll, touristische Infrastruktur ist kaum vorhanden. Zu den schönsten Ecken führen keine gepflasterten Wege. Am besten bewegt man sich zu Fuß, per Mountainbike oder zu Pferd fort. Wer es mit dem Auto wagen will, braucht Allradantrieb.

Das *Banat* beginnt gleich an der ungarischen Grenze bei Temeswar (Timişoara). Rings herum ducken sich verstaubte Heidedörfer in die flache Landschaft mit Mais- und Weizenfeldern. Es ist die Verlängerung der ungarischen Puszta, an die sich im Süden das sanfte Banater Bergland bis hinunter zur Donau schmiegt. An der Ostgrenze des Banats zur Walachei liegt das *Retezat-Gebirge* mit Urwäldern und Glet-

Bild: Holzarchitektur im Kloster Bârsana in der Maramureş

BANAT, APUSENI & MARAMUREȘ

scherseen – eines der einsamsten und grandiosesten Wanderparadiese in Europa. Das liebliche *Apuseni-Gebirge* beginnt etwa 150 km nordöstlich von Temeswar, im Nordosten begrenzt vom siebenbürgischen Cluj, im Süden von der Stadt Deva und im Nordwesten von Oradea, Rumäniens schönster Jugendstilstadt. Nördlich der Apuseni, um Baia Mare herum, erstreckt sich die *Maramureș* mit alten Holzkirchen und prächtig geschnitzten Toren an den Bauernhöfen. Dort tragen Bauern die Trachten noch zum eigenen Vergnügen, nicht als Touristenattraktion.

Wie Siebenbürgen gehörten Banat, Maramureș und Apuseni bis zum Ende des Ersten Weltkriegs zu Österreich-Ungarn. Die Österreicher hatten 1716 die Türken vertrieben. Sie siedelten dort Bauern aus Schwaben, dem Elsass und Lothringen an. Deren Nachkommen, die sich Banater

Schwaben nannten, sind inzwischen nahezu komplett nach Deutschland ausgewandert. An Apuseni und Maramureş interessierten die Österreicher v. a. die reichen Bodenschätze, die heute noch gefördert werden.

BAIA MARE

[123 E2] **Das Tor zu den idyllischen Dörfern der Maramureş ist die abschreckende Industriestadt Baia Mare (149 000 Ew.) im Talkessel am Fuß des Bergmassivs Gutâi.** Seit dem 14. Jh. werden hier Bunt- und Edelmetalle abgebaut. Riesige trüb gelbe Geröllhügel, Reste der Erzgewinnung, umgeben den Ort. Die winzige Altstadt wird von schäbigen Plattenbauten bedrängt. Immerhin bietet Baia Mare mit seinem Flughafen gute Anreisemöglichkeiten.

ÜBERNACHTEN

EUROHOTEL

In diesem funkelnagelneuen Haus mit etwas zu viel glänzendem Marmor ist man gut aufgehoben. *64 Zi. | Bd. Bucureşti 23 | Tel. 0262/22 24 05, 22 61 73 | Fax 22 45 61 | www.eurohotel-bm.ro* | €€

HOTEL MARA

Das große Hotel aus den 1970er-Jahren bietet mittleren Komfort und vermietet Autos samt Fahrer. *124 Zi. | Bd. Unirii 11 | Tel. 0262/22 66 60 | Fax 22 10 08 | receptie@hotelmara.ro* | €€

AUSKUNFT

TOURISMUSAGENTUR

im Hotel Mara | Tel./Fax 0262/22 66 56 | agentie@hotelmara.ro; www.maramures.de

ZIELE IN DER UMGEBUNG

OCNA ŞUGATAG [123 E2]

Kleiner Kurort auf dem Gipfel eines Hügels an einem früheren Salzbergwerk. In der Umgebung liegen die Dörfer *Hărniceşti, Deseşti, Sat Şugatag* mit kunstvoll im Inneren bemalten Holzkirchen aus dem 17. und 18. Jh. sowie das Dorf *Hoteni,* in dem jährlich Anfang Mai das Pflügen mit Volksmusik *(Festival Tânjaua de pe Mara)* gefeiert wird. *40 km nordöstl.*

POIENILE IZEI [123 E2] Insider Tipp

Interessant in diesem Dorf sind die schaurigen Motive der Wandmalereien in der Holzkirche der Heiligen Paraschiva aus dem 17. Jh. Sie zeigen Folterszenen aus der Hölle, nicht unbedingt etwas für sensible Seelen oder Kinder. Die Kirche gehört zum Weltkulturerbe der Unesco. Das Dorf liegt auf der Strecke zwischen Sighetu Marmatiei und Borsa, die über

300 Jahre Knast, nun Gedenkstätte: das Gefängnis von Sighetu Marmației

das Dorf Bârsana führt. *100 km westl.*

SĂPÂNȚA [123 E2]

Das witzigste Baudenkmal der Maramureș ist ausgerechnet ein Friedhof. ★ Lustiger Friedhof *(Cimitirul Vesel)* wird er genannt. Die Grabmäler in dem Dorf direkt an der Grenze zur Ukraine sind aus leuchtend blau gestrichenem Holz gearbeitet. Die Texte darauf erzählen in heiteren Versen das Leben und die Todesumstände der Verstorbenen. All dies schuf Schreinermeister Ioan Stan Patras 1935. *81 km nördl.*

SIGHETU MARMAȚIEI [123 E2]

Die liebliche Kleinstadt (41 000 Ew.) im hohen Norden an der Grenze zur Ukraine gilt als Sinnbild des Schreckens. Nicht nur die Barock- und Gründerzeitarchitektur der Altstadt zeugt von der k.u.k.-Vergangenheit, sondern vor allem das wuchtige *Gefängnis*. Hier brachten erst die Österreicher angebliche Gesetzesbrecher hinter Schloss und Riegel, später die Kommunisten ihre politischen Häftlinge.

Bunte Biografien: Die Grabtafeln erzählen vom Leben der Verstorbenen

MARCO POLO HIGHLIGHTS

★ **Domplatz**
Wiener Barock mitten in Temeswar (Seite 38)

★ **Naturpark Retezat**
Wo mehr Bären als Menschen leben (Seite 41)

★ **Kirche mit Mond**
Die Turmuhr zeigt Oradea die Mondphasen an (Seite 35)

★ **Eishöhle Scărișoara**
Frieren im Bauch der Berge (Seite 36)

★ **Schwarzer Adler**
Wiener Sezession pur in der prächtigen Einkaufspassage von Oradea (Seite 35)

★ **Lustiger Friedhof**
Der Tod als Anlass für Humor in Săpânța in der Maramureș (Seite 33)

★ **Kirche aus Eichenholz**
Europas höchstes Holzbauwerk in Surdești in der Maramureș (Seite 34)

Heute ist das düstere Bauwerk Gedenkstätte und Forschungszentrum. Die Gefängniszellen hinter den meterdicken Mauern sind zu besichtigen *(Di–So 10–17 Uhr | Str. Corneliu Coposu 4)*. Berühmtester Sohn des Ortes ist der Friedensnobelpreisträger Elie Wiesel. Von hier deportierten ihn die Nazis nach Auschwitz. Seit 2002 ist Wiesels Geburtshaus *(Ecke Str. Dragoş Vodă/Str. Tudor Vladimirescu)* eine Gedenkstätte. Von der reichen, mit dem Holocaust untergegangenen jüdischen Kultur zeugen hier außerdem der jüdische Friedhof, der gleich neben der einzigen noch übrig gebliebenen Synagoge liegt *(Str. Bessarabia 10). 66 km nordöstl.*

SURDEŞTI [123 E2]

Hier steht das berühmteste Werk der Maramureş-Baukunst: eine prächtige ★ *Kirche* aus Eichenholz, 1724 erbaut. Ihr 54 m hoher Glockenturm ist die höchste Holzkonstruktion Europas. Innen sind die Wände mit dichtem Stoff verkleidet, der mit Tempera bemalt wurde. *17 km südöstl.*

ORADEA

[122 C3] **Die zauberhafte Stadt (224 000 Ew.) am malerischen Fluss Crişul Repede im Nordwesten nahe Ungarn ist das westliche Tor zum Apusenigebirge.** Oradeas prächtige Jugendstil- und Barockarchitektur verdient einen ausgiebigen Zwischenstopp. Auf der Straße wird fast nur Ungarisch gesprochen. Die Magyaren nennen ihre Stadt *Nagyvárad*.

SEHENSWERTES

BAROCKPALAST

Das Gebäude im Petőfi-Sándor-Park, früher Bischofspalast, beherbergt das Museum für Geschichte, Kunst und Folklore der Region *(Muzeul Ţării Crişurilor)*, ist aber vor allem wegen seiner 100 mit Fresken geschmück-

Klein, aber fein: Die orthodoxe Kirche in Surdeşti stammt aus dem 18. Jh.

ten Räume sehenswert. *Di–So 10–17 Uhr | Bd. Dacia 1–3*

BURG (CETATE)

Die sehr baufällige Burganlage aus dem 16. Jh. wird gerade renoviert. Nach Abschluss der Arbeiten werden die alten Mauern mit ihren Renaissance- und Barockelementen einen Blick wert sein. *Piaţa Independenţei*

KIRCHE MIT MOND (BISERICA CU LUNĂ) ★

Das barocke orthodoxe Gotteshaus von 1790 trägt auf dem 55 m hohen Turm eine ungewöhnliche Uhr, die die Mondphasen anzeigt. Innen gibt es Fresken von 1816 bis 1836 zu bestaunen. *Piaţa Unirii*

SCHWARZER ADLER (VULTURUL NEGRU) ★

Die prächtige Einkaufspassage von 1908 ist ein typisches Beispiel für die Wiener Sezession mit verglastem Spitzbogendach und kunstvollen bunten Glasscheiben. In den lebhaften Straßen drum herum mit kleinen Geschäften und Lokalen steht ein Jugendstilhaus neben dem anderen. *Zugang über Piaţa Unirii, Str. Independenţei, Str. Alecsandri*

STAATSTHEATER (TEATRUL DE STAT)

Das neoklassizistische Gebäude entwarfen 1899 die Wiener Architekten Ferdinand Fellner und Hermann Helmer. *Piaţa Republicii*

ESSEN & TRINKEN ÜBERNACHTEN

DACIA-CONTINENTAL

Der 9-stöckige, moderne Hotelkasten ist nicht schön, aber verspricht allen

Prächtig shoppen: Schwarzer Adler

Komfort mit Restaurant, Nachtbar und Pool. *115 Zi. | Aleea Ştrandului 1 | Tel. 0259/41 86 55 | Fax 47 12 91 | oradea@continentalhotels.ro* | €€€

GALA

Gemütlich und rustikal geht es in dieser Hotelpension am Rande Oradeas zu. Im Restaurant mit Terrasse kommen schwere siebenbürgische Gerichte auf den Tisch. Besonders stolz ist die Crew auf ihren Weinkeller. *20 Zi. | Str. Bogdan Petriceicu Haşdeu 20 | Tel./Fax 0259/46 71 76 | www.hotelgala.ro* | €€

VULTURUL NEGRU

Das Art-déco-Hotel in der gleichnamigen Passage erstrahlt in neuem Glanz. Gemessen an der exquisiten Pracht und dem Komfort auf neuestem technischen Stand ist es recht preiswert. *47 Zi. | Str. Independenţei 1 | Tel. 0259/45 00 00 | Fax 45 00 45 | www.vulturulnegru.ro* | €€€

AUSKUNFT

TOURISTENINFORMATIONSBÜRO

In der Burg, geöffnet trotz laufender Sanierungsarbeiten | Piața Independenței 39 | Tel. 0259/43 51 40 | cetate@rdsor.ro

ZIELE IN DER UMGEBUNG

BÄRENHÖHLE (PEȘTERA URSULUI) [122 C4]

Bis zu 55000 Jahre alte Stalaktiten und Stalagmiten locken in der spektakulären Tropfsteinhöhle am Dorf Chișcău. Die Höhle heißt so, weil dort 1975 das Skelett eines prähistorischen Bären gefunden wurde. *Zugang nur mit Führung | Mai–Sept. tgl. 10–17 Uhr. 82 km südöstl.*

EISHÖHLE SCĂRIȘOARA ★ [123 D4]

Eine niemals schmelzende, 7500 m^3 große, glitzernde Eislandschaft tut sich hier unter der Erde auf. Das Naturwunder stammt aus der Eiszeit, als das gesamte Apusenigebirge mit Gletschern bedeckt war. Zwar gibt es offizielle Öffnungszeiten, aber man kann immer hinein. Warme Kleidung ist oberstes Gebot, denn unten ist es auch im Sommer eiskalt. In die grün bewachsene Schlucht zur Höhle führt allerdings nur eine äußerst klapprige metallene Stiege, um deren Instandhaltung sich niemand kümmert. Aber wegen der herrlichen Hügellandschaft der Umgebung lohnt die unbequeme Anreise auf einer Schotterpiste. Bei nassem Wetter brauchen Sie ein Auto mit Allradantrieb.

Wie hingetupft liegen hundert Jahre alte Bauerneinödhöfe in den Hängen. *Insider Tipp* Im nahen Dorf *Gârda de Sus* richten die Bauern immer mehr kleine Gasthöfe für die wachsende Zahl von Besuchern ein. Liebevoll umsorgt und zum Platzen gefüttert mit siebenbürgischen Köstlichkeiten wird der Gast etwa in der Familienpension *Scărișoara (10 Zi. | Ortsteil Ghețar | Hausnr. 243 | Tel. 0744/52 83 63 | pensiunea_scarisoara@personal.ro* oder *pascanicodim@yahoo.com | €). 100 km südöstl., Route über Beiuș, Arieșeni*

IZVORU CRIȘULUI [123 D4] *Insider Tipp*

Eine einzige Shoppingmeile für Folklorefans ist dieses Dorf an der Landstraße Oradea–Cluj. Direkt an der Ortsdurchfahrt bieten zig Läden authentische alte ungarische Bauerntrachten und bestickte Tischdecken an. *70 km östl.*

STÂNA DE VALE [122 C4]

Der idyllische Klecks in der Hügellandschaft in 1102 m Höhe ist Kurort und traditioneller Treffpunkt der Wintersportler und Wanderer. Besondere Attraktion sind die Wasserfälle

> LOW BUDGET

- In der alten Industriestadt Resita im Banater Bergland auf dem Weg ins Retezat-Gebirge gibt es ein *Freiluftmuseum für alte Dampflokomotiven*, das Tag und Nacht kostenlos zugänglich ist. Der Lokomotivenpark, in dem das älteste Exemplar von 1872 stammt, liegt im Rangierbereich des Bahnhofs. *Calea Timisoarei*
- Günstige Unterkunft für junge Rucksacktouristen bietet in Oradea das *Jugendhotel Banat (Tel. 0259/43 31 23 | Str.Teatrului 1–2)*. Weitere Adressen unter *www.hostels.com*

Eiszeit verpasst? In der Eishöhle Scărișoara lässt sie sich nachholen

Iadolina, Moara Dracului („Teufelsmühle") und *Săritoarea Iedutului*, die man von Stâna de Vale aus im 42 km langen *Valea Iadului* („Höllental") erwandern kann. Größtes Hotel mit Wellnessangeboten ist das *Iadolina (56 Zi. | 7 Ferienhäuser | Tel. 0259/32 25 83 | 0744/59 53 34 | www.transilvaniatour.ro | €–€€). 127 km südöstl.*

TEMESWAR (TIMIȘOARA)

[122 B6] **Die Hauptstadt des Banats (332 000 Ew.) im rumänischen Teil der ungarischen Puszta wirkt an vielen Stellen, als habe man aus der Metropole Budapest die Luft herausgelassen, sodass eine k.u.k.-Stadt im Kleinformat übrig blieb.** Kaum zu glauben, dass Temeswar im 19. Jh. die erste elektrische Straßenbeleuchtung Europas besaß. Heute wirkt es eher abgerissen: Der Putz bröckelt von den barocken Fassaden der Innenstadt, der Besucher stolpert durch Schlaglöcher. Dabei erlebt auch Temeswar einen Wirtschaftsboom. Doch noch ist das neue Geld kaum zu sehen.

Im 18. Jh. haben Österreicher die Stadt nach der Vertreibung der Türken als Garnison errichtet. Ein Völkergemisch aus Deutschen, Rumänen, Ungarn, Serben und Juden bestimmte einst die Atmosphäre. Noch heute hört man viel Ungarisch und Serbisch auf der Straße. 1989 spielten sich in Temeswar blutige Szenen ab, als hier die Revolte begann, die zum Sturz Ceaușescus führte.

SEHENSWERTES

ALTES RATHAUS (PRIMĂRIA VECHE)

Das barocke alte Rathaus wurde 1734 vom italienischen Architekten Pietro Bonzo entworfen und auf den Grundmauern eines im Türkenkrieg zerstörten türkischen Bades errichtet. Es ist das älteste Gebäude der Stadt. *Piața Libertății*

DOMPLATZ (PIAȚA UNIRII) ★
Über Kopfsteinpflaster schlendert man auf diesem quadratischen Platz voller Wiener Barock am besten zur Caféterrasse direkt gegenüber der

Temeswars Domplatz im Wiener Barock

Dreifaltigkeitssäule, die Ende des 18. Jhs. aus Dankbarkeit nach einer überstandenen Pestepidemie errichtet wurde. Von hier schweift der Blick zum alten Präfekturpalast, heute ein Kunstmuseum, auf die serbisch-orthodoxe Kathedrale und den römisch-katholischen Dom, ein Werk des berühmten Wiener Architekten Emanuel Fischer von Erlach. Innen stehen acht Altäre, reich verziert mit barocken Schnitzereien und Gemälden. Alle drei Gebäude wurden 1745 vollendet.

GESCHICHTSMUSEUM (MUZEUL DE ISTORIE)
Das Museum liegt in der alten Hunyadenfestung, die im 18. Jh. wiederaufgebaut wurde, nachdem das Original aus dem 14. Jh. zerstört worden war. Hier wird die Geschichte der Region präsentiert. Eine Straßenlaterne aus dem 19. Jh. vor dem Eingang zum Museum erinnert daran, dass Temeswar als erste europäische Stadt nachts elektrisch beleuchtet war. *Di–So 10–18 Uhr | Piața Ion Huniade 1*

KUNSTMUSEUM (MUZEUL DE ARTĂ)
In dem barocken Gebäude sind Werke rumänischer Künstler vor allem aus der Region zu sehen, aber auch Kunsthandwerk. *Di–So 10–16 Uhr | Piața Unirii 1 | Eingang Str. Florimund Mercy 1*

LLOYD-ZEILE (PIAȚA VICTORIEI)
Die Fußgängerzone zwischen Oper und rumänisch-orthodoxer Kathedrale ist Temeswars Flaniermeile mit vielen Geschäften, gesäumt von abwechslungsreicher Architektur aus Wiener Sezession und dem rumänischen Neo-Brâncoveanu-Stil. Gegenüber der Oper lädt das traditionsreiche Restaurant *Lloyd (€)* mit seiner Außenterrasse zum Verweilen ein – allerdings bei nur durchschnittlicher internationaler Küche. Der Platz war Hauptkampfgebiet während der 1989er-Revolte. Auf den Stufen der Kathedrale, kam es zur grausamsten

Gewalttat jener Tage: Die Armee erschoss gezielt eine Gruppe Kinder.

PRINZ-EUGEN-HAUS (CASA EUGEN DE SAVOYA)

„Prinz Eugen, der edle Ritter", wie es in einem Volkslied heißt, hat das Banat von den Türken befreit. In dem Barockhaus von 1717 hat der berühmte österreichische Feldherr gewohnt. Ein Gemälde über dem Eingangsportal zeigt die Türkenvertreibung. *Str. Ceahlău 24*

VOLKSKUNDEMUSEUM (MUZEUL DE ETNOGRAFIE)

Trachten und Gebrauchsgegenstände der Banater Bauern aller vier Nationen sind in diesem Gebäude ausgestellt, das in einem Teil der alten Festung untergebracht ist. *Di–So 10–16.30 Uhr | Str. Popa Şapcă 1*

ESSEN & TRINKEN ÜBERNACHTEN

CONTINENTAL-HOTEL

Das große Haus im Zentrum aus den 1970er-Jahren wurde modernisiert und verspricht nun allen Komfort mit Restaurant, Bar und Pool. *164 Zi. | Bd. Revoluţiei 1989 nr. 5 | Tel. 0256/49 41 44 | Fax 49 83 37 | rezervari@hotelcontinental.ro* | €€

HOTEL SAVOY

Edles Innenstadtdomizil am Ufer der Bega mit Blick auf die orthodoxe Kathedrale. Der Altbau ist innen völlig neu ausgebaut, mit interessanten Lichthöfen aus Glas. Das Haus bietet

> BLOGS & PODCASTS

Gute Tagebücher und Files im Internet

> *www.karpatenwilli.de* – Kein echter Blog, aber eine Website, auf der regelmäßig frische Reiseberichte aus dem Karpatenland erscheinen. Hier schreiben vorwiegend Rucksacktouristen über ihre Eindrücke und warten mit einer Fülle praktischer Tipps auf. Sie erwähnen dabei oft abgelegene, faszinierende Orte, die vermutlich nicht einmal Rumänen kennen. Administrator ist Wilhelm Scherz, der noch als DDR-Bürger begonnen hatte, Rumänien zu bereisen – größtenteils zu Fuß.

> *http://rennkuckuck.de* – Rumänien-Portal, das außer einem Link zu diversen Erlebnisberichten aus Rumänien auch breit gefächerte, thematisch geordnete, regelmäßig aufgefrischte Informationen über Land und Leute bietet.

> *www.technorati.com* – Wer ein bisschen Sucherei nicht scheut, wird hier unter dem Stichwort „Romania" fündig, das Ganze allerdings auf rumänisch oder englisch.

> *www.youtube.com* – Unter dem Stichwort „Romania" finden sich etliche Kurzvideos oder Foto-Slideshows von Rumänienurlaubern aus aller Welt. Zu den wichtigsten Attraktionen wie etwa Maramureş, Sibiu, Retezat oder Sighişoara kann man dort ebenfalls Material abrufen.

Für den Inhalt der Blogs & Podcasts übernimmt die MARCO POLO Redaktion keine Verantwortung.

allen Komfort. *52 Zi. | Splaiul Tudor Vladimirescu 2 | Tel. 0256/ 24 99 00 | Fax 27 55 00 | www.hotelsavoy-tm.com* | €€€

PERLA-HOTELS
Hier hat man seine Ruhe und allen Komfort nebst Flughafentransfer. Die kleinen Häuser Perla 1, 2 und 3 liegen in einer Wohngegend. *100 Zi. | Str. Râmneanțu 4, Elvila Celebi 14, Protopop George Dragomir 9 | Tel. 0256/20 31 00 | Fax 49 52 03 | www.hotelperla.ro* | €€€

AM ABEND

CLUB 30
Im Lokal nahe der rumänisch-orthodoxen Kathedrale spielen Livebands vorwiegend Oldies aus den 1970er- und 1980er-Jahren. *Piața Victoriei 7*

LLOYD-ZEILE (PIAȚA VICTORIEI)
Auf den Bierterrassen am Korso pulsiert das Leben der Stadt, vor allem in der warmen Jahreszeit.

POD16 Insider Tipp
Jazz und alternativen Rock live gibt es in dem originellen Club direkt am Ufer des Flusses Bega, an der Brücke nahe der orthodoxen Kathedrale.

THEATER IN DEUTSCHER SPRACHE
Im Opernhaus spielt das seit 1953 existierende Temeswarer Deutsche Staatstheater regelmäßig klassische und moderne Stücke, neuerdings auch in frechen Inszenierungen. Spielplan unter *www.infotim.ro/tgst/dstt.htm* oder *www.dstt.ro*

AUSKUNFT

INFOCENTRU
Im Opernhaus | Eingang über Str. Alba Iulia 2 | geöffnet von April–Sept. | Tel. 0256/43 79 73 | infocentru@primariatm.ro

ZIELE IN DER UMGEBUNG

LIPOVA [122 B5]
In dem Städtchen (11 000 Ew.) liegt die imposante barocke, zweitürmige

> VON BÄREN UND MENSCHEN

Mit etwas Glück Meister Petz begegnen

In Rumäniens Bergen leben etwa 5000 Braunbären und damit europaweit die meisten. Von Natur aus menschenscheu, sind sie im Normalfall nur mit viel Glück zu beobachten. Dennoch kam es in letzter Zeit immer wieder zu Bärenangriffen, auch mit tödlichem Ausgang für Menschen, hauptsächlich in der touristisch überlaufenen Region Braşov. Dort sind die Bären zwar an Menschen gewöhnt, aber keineswegs zahm. Deshalb ist unbedingt davon abzuraten, in dieser Region im Gebirge wild zu zelten. Anders verhalten sich die Bären in menschenleeren Regionen wie dem Retezat-Gebirge. Dort fliehen sie, wenn sie einen Menschen auch nur wittern. Die Chancen, dort Bären mit eigenen Augen zu sehen, sind im Frühling am größten, wenn sie die gut bestückten Futterstellen der Förster besuchen. *Geführte Touren z. B. Green Mountain Holidays | Str. Principală 305 | Izvorul Crişului an der Strecke Oradea–Cluj | Tel. 0264/41 86 91, 0744/63 72 27 | www.greenmountainholidays.ro*

Wallfahrtskirche Maria Radna weithin sichtbar auf einem Hügel. Den ansteigenden Fußweg zum Eingang säumen überlebensgroße Heiligenfiguren, Furcht erregend und faszinierend zugleich. Ursprünglich war hier ein Dominikanerkloster angesiedelt. Jedes Jahr zu Mariä Himmelfahrt am 15. August herrscht rund um Kirche und Kloster großes Wallfahrtsgedränge und Jahrmarktstreiben. In der Riesenkirche, die 5000 Menschen Platz bietet, gibt es dann nicht einmal mehr Stehplätze. *60 km nordöstl.*

NATURPARK RETEZAT ★ [127 D2]

In die wildeste Berglandschaft Rumäniens verirren sich nur wenige Wanderer. Geübte Bergsteiger wagen sich auf den 2511 m hohen Gipfel Peleaga. Im 540 km^2 großen, unter Naturschutz stehenden Paradies gibt es richtige Urwälder. 80 Gletscherseen blitzen in den Schluchten auf. Braunbären spazieren umher. Übernachten kann man im Zelt, aber inzwischen auch in komfortablen Pensionen, die einsam in der Wildnis liegen, z. B. in der Hütte *Codrin (20 Betten | Vollpension möglich | Tel. 0724/79 36 20 oder 0721/41 13 09 | www.codrin.ro | €)*. Die letzten 6 km der Zufahrt führen über einen ungepflasterten Forstweg. Hausherr Ciprian Traila vermittelt auch Quartiere in anderen Hütten und organisiert Gruppenbergtouren. Nächste Städte sind Hațeg im Norden, Caransebeș im Westen und Petroșani im Osten. *100 km südöstl.*

Insider Tipp

SARMIZEGETUSA [127 D2]

Sein Name ist ein Zungenbrecher, und auch sonst hat es der Ort in sich: Ruinen aus der Römerzeit mit Überresten von Forum Romanum und Tempeln liegen verstreut und völlig vernachlässigt auf einem Feld direkt an der Landstraße. Es sollen Teile einer Römerfestung sein, die auf den Fundamenten einer mutmaßlichen Burg der Daker gebaut wurde. Deren König Decebal wird nachgesagt, von hier aus regiert zu haben, bis ihn der römische Kaiser Trajan 106 n. Chr. besiegte. Alles wirkt ausgesprochen kurios, inmitten von Wiesen, Bauernhöfen, Kühen und Federvieh. Die Mauern bestehen aus denselben Steinen, die die Bauern noch heute für ihre Zäune benutzen: dicke Kieselsteine aus dem nahen Bach. *150 km südöstl.*

5000 Braunbären leben in den Bergen. Aber keine Sorge, sie sind scheu

> EINE REISE INS MITTELALTER

Hier mystisch und geheimnisvoll, dort malerisch und lieblich: Siebenbürgen lässt die Phantasie reiche Blüten treiben

> Siebenbürgen – das klingt wie „hinter den sieben Bergen bei den sieben Zwergen". Doch das Land gibt es wirklich. Der Name des Hochlands im Karpatenbogen leitet sich her von den vielen Burgen, die Ritter und Bauern von Rhein und Mosel vom 12. Jh. an hier bauten.

Die Nachfahren der Einwanderer, etwa 700 000 Siebenbürger Sachsen, lebten dort bis zur Machtübernahme der Kommunisten 1947. Danach wanderten die meisten nach Deutschland aus – getrieben von Mangelwirtschaft und Diktatur.

Siebenbürgen, das Banat, die Maramureş und die Apuseni gehörten zum österreichisch-ungarischen Imperium, bis es 1918 nach dem Ersten Weltkrieg zerbrach. Im 9. Jh. eroberten die Ungarn die Region, die damals lateinisch *Transsilvania* („Land hinter den Wäldern") genannt wurde. Auch der ungarische Name *Erdély* („Waldland") erweist den Bäumen Reverenz.

Bild: Die orthodoxe Kathedrale von Cluj-Napoca

SIEBENBÜRGEN

Ungarnkönig Géza (1141–1162) ließ deutsche Ritter zum Schutz gegen die Türken einwandern. Ihre Burgen tauchen heute wie unwirkliche Filmkulissen in den Hügeln auf. Siebenbürgen war 1000 Jahre lang ein multinationaler Flickenteppich. Erst bildeten Ungarn und Deutsche die herrschende Schicht. Die Rumänen behaupteten sich vom 16. Jh. an. Jetzt leben dort noch etwa 1,5 Mio. Ungarn und einige Zehntausend Sachsen.

Phantasiebegabte Reisende finden in Siebenbürgen natürlich auch Spuren des Draculamythos. In jedem Fall ist ein Besuch der mittelalterlichen Dornröschenstädte und der Kirchenburgen eine faszinierende Reise in die Vergangenheit. Viele Architekturschätze sind allerdings vom Zerfall bedroht. Prominentester Förderer ist der britische Kronprinz Charles, der sich über eine Stiftung für die Sanierung einsetzt.

BRAŞOV (KRONSTADT)

[124 A6] Braşov (300 000 Ew.) liegt im südöstlichen Karpatenknie. Schmuckstück ist die Altstadt in einem Talkessel.

Auf dem hübsch renovierten Rathausplatz *(Piaţa Sfatului)* mit den barocken Fassaden pulsiert das Leben mit Cafés, Kneipen und eleganten Geschäften. Deutsche Ritter gründeten Braşov im 13. Jh.

Das Wahrzeichen der Stadt ist die protestantische sogenannte Schwarze Kirche. Von hier aus verbreitete der humanistische Gelehrte, Buchdrucker und Stadtpfarrer Johannes Honterus (1489–1549) den Protestantismus unter den Sachsen. Zur gleichen Zeit druckte der rumänische Diakon Coresi außerhalb der Stadtmauern die ersten Bücher in rumänischer Sprache und bereitete der rumänischen Schriftsprache damit den Weg. So behaupteten sich die siebenbürgischen Rumänen hier erstmals als Nation.

Inmitten von lauter Bergen, Wanderwegen und Skigebieten gelegen, ist die Stadt Braşov ein idealer Ausgangspunkt für Ausflüge und für Wintersport.

Ein Turm macht noch keine Kirche: Braşovs knapp 600 Jahre altes Rathaus

SEHENSWERTES

ALTES RATHAUS (PRIMĂRIA)

Das gedrungene Gebäude am Hauptplatz der Innenstadt sieht mit dem Uhrenturm auf den ersten Blick wie eine Kirche aus. Von 1420 an aber war es 500 Jahre lang Rathaus. Nach einem Brand wurde es 1770 barock restauriert und bekam den so genannten Trompeterturm hinzu. Es beherbergt heute ein Geschichtsmuseum mit Zeugnissen der sächsischen Zünfte. *Di–So 9–17 Uhr, im Sommer bis 16 Uhr | Piaţa Sfatului*

BARTHOLOMÄUSKIRCHE (BISERICA SF. BARTOLOMEU)

Braşovs ältestes Gebäude (1234) hat nur einen Turm, der etwas verloren rechts neben dem frühgotischen Hauptportal steht und dem romanischen Bauwerk ein bizarres Ungleichgewicht verleiht. Offensichtlich war ein zweiter Turm geplant, wurde aber nie gebaut. *Str. Lungă 251*

JOHANNES-HONTERUS-GYMNASIUM

Eine der ältesten deutschen Schulen Siebenbürgens (1388), benannt nach dem Reformator Johannes Honterus. 1689 brannte die Schule ab. Ihre drei heutigen Gebäude wurden zwischen 1743 und 1834 errichtet. *Curtea Johannes Honterus 1–5, gegenüber der Schwarzen Kirche*

SANKT NIKOLAUS-KIRCHE (BISERICA SF. NICOLAE)

Die rumänisch-orthodoxe Kirche (1512) beeindruckt mit einem sehr bizarren Stilmix: außen besitzt sie gotisierende Formen, innen ist byzantinisches Dekor mit Fresken aus dem 18. Jh. und Ikonen kombiniert.

Gleich daneben steht das älteste rumänische Schulhaus, das heute ein Museum ist und u.a. mit der ältesten Druckerpresse Rumäniens sowie der ältesten rumänischsprachigen Bibel aufwartet. *Tgl. 9–17 Uhr | Piaţa Unirii*

SCHWARZE KIRCHE (BISERICA NEAGRĂ) ★

De größte gotische Kathedrale Südosteuropas lockt mit einer Kuriosität: An den Emporen hängen alte orientalische Gebetsteppiche. Es sind Geschenke reicher sächsischer Kaufleute mit guten Geschäftsbeziehungen in den Orient. In dem von 1385 bis 1477 erbauten Gotteshaus predigte der Humanist Johannes Honterus, der dort auch neben dem Bronzetaufbecken begraben liegt.

MARCO POLO HIGHLIGHTS

★ Schwarze Kirche
Braşovs Kathedrale ist das größte gotische Bauwerk in Südosteuropa (Seite 45)

★ Bran
Eine Ritterburg wie aus dem Bilderbuch (Seite 48)

★ Peleş
Das Hohenzollernschloss zeugt von Prunk und Heimweh (Seite 49)

★ Sighişoara
Hier wurde Dracula geboren, glauben seine Fans (Seite 57)

★ Brukenthal-Museum
Rumäniens bedeutendstes Museum in Sibiu zeugt vom Kunstsinn des Barons von Brukenthal (Seite 53)

★ Sibiel
Ikonen, Ikonen, Ikonen (Seite 57)

★ Biertan
Das Schmuckstück unter den Kirchenburgen Siebenbürgens (Seite 56)

★ Lügenbrücke
Unter der Last von Lügnern soll die Brücke in Sibiu der Legende nach zusammenbrechen (Seite 54)

Ihren Namen bekam die Kirche nach einem Großbrand 1689, der ihre Mauern schwärzte. Nach der Renovierung ist das wuchtige Gebäude nun grau. Die Orgel mit mehr als 4000 Pfeifen ist die größte der Region – Konzertbesuche sind sehr zu empfehlen. *Curtea Johannes Honterus 1, Südseite des Rathausplatzes*

STADTMUSEUM

In der früheren Leinweberbastei wird die Geschichte von Stadt und Region an Modellen erklärt. *Di–So 10–16 Uhr | Str. Gheorghe Coşbuc 9*

DIE ZINNE (TÂMPA)

Der Gipfel des Hausbergs von Kronstadt ist ein schöner Aussichtspunkt in 955 m Höhe. Hinauf führt auch eine Kabinenseilbahn. *Ab Talstation Burgpromenade*

Der Ruß wurde abgeputzt, der Name blieb: die Schwarze Kirche in Braşov

STADTBEFESTIGUNG

Die 2 m dicken und 12 m hohen Stadtmauern boten Einlass über imposante Öffnungen wie das Katharinentor *(Poarta Ecaterinei)* mit vier Ecktürmen. Von acht Pulvertürmen blieben drei erhalten: die *Tuchmacherbastei* im Norden, die *Seilerbastei* in der Mitte und im Süden die *Leinweberbastei*. Im Innenhof gibt es sommers Kulturveranstaltungen.

ESSEN & TRINKEN

ALTSTADT

In diesem Lokal am Rathausplatz gibt es siebenbürgisch-sächsische Gerichte, deutsche Schlagermusik und Kellner in Volkstracht. *Piaţa Sfatului 1 | Tel. 0268/47 69 45 | €€*

BUTOIUL SASULUI

„Das Fass des Sachsen" heißt die rustikale Stube in der Altstadt. Auf den Tisch kommt Deftig-Siebenbürgisches und ins Glas Wein aus eigener Kellerei. *Strada Republicii 53–55 | Tel. 0268/ 41 04 99 , 0368/10 11 09 | www.butoiul-sasului.ro* | €€

CERBUL CARPATIN

Das Restaurant im „Hirscherhaus" ist Hort einer Legende. Die Witwe des Bürgermeisters Lukas Hirscher schenkte das Renaissancegebäude 1545 der Stadt aus Freude darüber, dass ihre totgeglaubte Tochter plötzlich wieder zum Leben erwachte. Rumänische Küche und Wein aus eigenem Keller, abends ab und zu Livevolksmusik. *Piaţa Sfatului 12 | Tel. 0268/47 61 84* | €€

ÜBERNACHTEN

ARO-PALACE

Ein Nobelhotel aus der Nachkriegszeit mit Restaurant, Kegelbahn und Nachtclub. *307 Zi. | Bd. Eroilor 27 | Tel. 0268/47 88 00 | Fax 47 88 89 |* €€€

BELLA MUZICA

Ein gemütliches, aber hochmodernes Nest ist diese Herberge in einem Gründerzeitgebäude direkt am Rathausplatz. *22 Zi. | Piaţa Sfatului 19 | Tel. 0268/47 79 56 | www.bellamuzica.ro* | €€

CHAMBERS'N CHARM

In dieser Villa an der Ausfahrtstraße in das Skigebiet Poiana Braşov wird der Gast verwöhnt. Er darf sich in einem türkischen Bad räkeln und wird anschließend massiert. Der Clou des Hauses: Jedes der Zimmer ist komplett anders eingerichtet – kuschelig, streng-feierlich, orientalisch oder auch schrill. Der Luxus hat allerdings auch seinen Preis. *9 Zi. | Str. Stejerişului 27 | Tel. 0268/51 29 92 | Fax 51 29 91 | www.chambers-charm.ro |* €€€

> DRACULA-MYTHOS

Ein rumänischer Fürst als Vorbild für den Vampir

Die Vampirfigur Dracula wurde 1922 in Westeuropa populär, als Fritz Murnau ihre Geschichte in dem Stummfilm „Nosferatu" auf die Leinwand brachte. Vorlage war der Schauerroman „Dracula" des Briten Bram Stoker, der in Transsilvanien spielt. So kam die Vermutung auf, dass der rumänische Fürst Vlad Ţepeş (1431–1476) Stokers Vorbild für den Vampir gewesen sei. Vlad Ţepeş' Vater führte als Träger des mittelalterlichen Drachenordens den Beinamen „Dracul". Sohn Vlad hieß „der Pfähler" *(Ţepeş)*, weil er Gefangene bei lebendigem Leib auf einen Pfahl spießen ließ. Auch wenn das Pfählen damals europaweit üblich war, sorgte Vlad Ţepeş' Grausamkeit außerhalb des Landes für Aufsehen. Gen Westen reisende siebenbürgische Kaufleute verbreiteten Schauergeschichten über ihn, wobei sie vermutlich übertrieben. Vielen Rumänen hingegen gilt Ţepeş eher als strenger, aber gerechter Herrscher, der ohne Gnade gegen Kriminelle vorging.

COROANA
Das neobarocke Haus in der Altstadt ist etwas überteuert und leicht heruntergekommen, blickt aber auf eine lange Tradition zurück. *76 Zi. | Str. Republicii 62 | Tel. 0268/47 74 48 | Fax 41 84 69 |* €€

AM ABEND

CLUB MEDIEVAL CODLEA
Mittelalterlich dekorierte Kneipe. *Tgl. 18–6 Uhr | Str. Lungă 60*

HACIENDA
Große Disko in einer alten Fabrik am östlichen Rand der Altstadt. *Tgl. 21–5 Uhr | Str. Carpaţilor 17*

AUSKUNFT

TOURISMUSAGENTUR
im Hotel Aro-Palace | Tel. 0268/47 88 00; www.brasov.ro, auch ausführliche Auskünfte zu Wandertouren in die Umgebung

>LOW BUDGET

> Sibius Fußgängerzone ist voller Gratis-Hotspots. Drahtlos ins Internet kommen Sie auf der Caféterrasse neben der Schiller-Buchhandlung am Großen Ring *(Piaţa Mare)*, ebenso im *Café Haller* oder im *Café BCR* gegenüber dem Hotel Imparatul Romanilor *(Str. Nicolae Balcescu)*.

> Die günstigsten Unterkünfte bietet die Evangelische Kirche, in ihren Gästehäusern in Sibiu – allen voran die prachtvolle Casa Luxemburg – und in vielen siebenbürgischen Dörfern. Sie sollten allerdings rechtzeitig buchen, denn die Plätze sind begehrt *(Evangelisches Stadtpfarramt, gegenüber der Stadtpfarrkirche | Piaţa Huet | Tel. 0269/21 31 41 | gast@evang.ro)*.

ZIELE IN DER UMGEBUNG

BRAN (TÖRZBURG) [124 A6]
Hier soll Draculas Vorbild, Fürst Vlad Ţepeş, einst öfter genächtigt haben. Das wuchtige Gemäuer mit den vielen Erkern und Türmchen setzten deutsche Ritter 1377 auf einen Felsen – mit einer herrlichen, früher v. a. militärisch wichtigen Aussicht in das bewaldete Tal und auf die Bucegi-Berge. Im Schloss selbst ist Feudalkunst vom 16. bis 19. Jh. zu sehen, draußen alte Bauernhäuser *(Di–So 9–16 Uhr). 27 km südöstl. Richtung Câmpulung*

POIANA BRAŞOV [124 A6]
Der traditionsreichste und überlaufenste Ski- und Wanderort in den Karpaten. Es gibt viele moderne Hotels, Pensionen, Restaurants und Kneipen. Wohlige Schauer verspricht das Hotel *Acasă la Dracula (17 Zi. | Str. Poiana lui Techil 22 | Tel. 0268/26 20 57 | www.house-of-dracula.com |* €€€). Informationen zu Touren und sonstigen Unterkünften: *www.poiana-brasov.com | http://poiana.8k.com. 12 km südl.*

PREDEAL [124 A6]
Für Ski- und Wandertouren im Bucegi-, Postăvarul- und Piatra-Mare-Massiv ist dies der klassische Ausgangspunkt. Übernachten kann man in Dutzenden Hotels, Pensionen und Hütten. Auskunft gibt es neben dem Bahnhof im *Centrul de Informare şi Promovare al Turismului | Str. Intrarea Gării 1 | Tel. 0268/45 53 30 | contact@predeal.ro. 20 km südl.*

PREJMER (TARTLAU) **[124 B6]**
Wuchtige, 3–4 m dicke Mauern umgeben die sächsische Wehrburg mit gotischer Kirche aus dem 15. Jh. Zu sehen gibt es eine ausgeklügelte Waffe: Mit der so genannten Todesorgel konnten mehrere Geschosse gleichzeitig abgefeuert und Belagerer in Angst und Schrecken versetzt werden. *20 km nordöstl.*

SINAIA **[124 A6]**
In dem Nobelkurort mit Kasino vergnügten sich Adel und Reiche schon vor hundert Jahren. Heute lockt Sinaia (14500 Ew.) auch ganz normale Skitouristen auf die bis zu 2000 m hoch gelegenen Hänge. Es gibt eine Bob- und Rodelbahn sowie eine Gondelbahn.

Den Zauber der Monarchie vergangener Zeiten kann man im idyllischen Schloss ★ Peleş erleben, das nun wieder dem rumänischen Ex-König Mihai I. aus dem Haus Hohenzollern-Sigmaringen gehört, nachdem die Kommunisten es 1947 enteignet hatten. Der Monarch wohnt allerdings dort nicht, er lebt vorwiegend in der Schweiz. Peleş bleibt mindestens bis 2009 und vermutlich auch danach ein Museum. Mihais Urgroßonkel, Rumäniens Carol I. hatte das eklektizistische Fachwerkanwesen nach dem Vorbild seiner heimatlichen Burg Hechingen als Sommerdomizil bauen lassen. Die prächtigen Räume sind zu besichtigen *(Di 11–17, Mi–So 9–17 Uhr, Sept.– April auch Di geschl.)*. Unbedingt ansehen sollten Sie auch die später gebaute Villa *Pelisor,* in der Carols Neffe, König Ferdinand (1856–1927), mit Familie Ferien machte. Spektakulär ist hier ein Zimmer mit ganz in Gold gehaltenen Wänden – das Atelier der exaltierten, kunstbeflissenen Königin Maria.

Die Hohenzollern kamen auf Rumäniens Thron, weil der einheimische Adel sich auf keinen eigenen Monarchen einigen konnte. Carol herrschte ab 1866 als Regent und wurde 1881 zum König gekrönt. Die Zeit der deutschen Könige ging mit der Machtergreifung der Kommunisten zu Ende. Info: *Touristen-Informationszentrum im Rathaushof, Bd. Carol I. 47 | Tel. 0244/31 56 56. 40 km südl.*

König Carols Heimwehschloss: Peleş

CLUJ-NAPOCA (KLAUSEN-BURG)

[123 E4] Die Stadt (330 000 Ew.) im Norden Siebenbürgens streckt sich am Ufer des Flusses Somes entlang. Sie führt eigentlich drei Namen, denn die Ungarn, die sie zu einem Drittel bevölkern, nennen sie **Kolozsvár.** Im Zentrum atmet sie das Flair einer altehrwürdigen und zugleich modernen Universitätsstadt. Junge Leute bevölkern die Bars, Cafés und Kneipen in der Innenstadt um die Piaţa Unirii, den von Neoklassizismus und Spätbarock geprägten zentralen Platz. Bis zum Zusammenbruch der k.u.k.-Monarchie 1918 war Cluj Hauptstadt der Provinz Siebenbürgen und gilt daher immer noch als wichtiges geistiges Zentrum der Magyaren. Gelegentlich äußern sich ungarisch-rumänische Ressentiments.

Keine Frage, wer hier der Boss ist: Ungarnkönig Matthias Corvinus und seine Männer

SEHENSWERTES

APOTHEKENMUSEUM (COLECŢIA DE ISTORIE A FARMACIEI)

Gerätschaften aus alten Zeiten der Heilkunst sind im Gebäude der ältesten Apotheke der Stadt (1573) zu sehen. *Di–So 10–16 Uhr | Str. Regele Ferdinand 1*

BABEŞ-BOLYAI-UNIVERSITÄT

Der Neorenaissancekomplex der Universität beherbergt acht Fakultäten mit rumänischer und ungarischer Unterrichtssprache. 1872 als Franz-

Joseph Universität eröffnet. *Str. Kogălniceanu 1*

FRANZISKANERKLOSTER (MÂNĂSTIREA FRANCISCANILOR)

Das Gebäude aus dem 15. Jh. mit Elementen von Gotik und Renaissance ist heute eine Musikschule. Besonders sehenswert ist das gotische Refektorium. *Piaţa Muzeului*

KUNSTMUSEUM (MUZEUL NAŢIONAL DE ARTĂ)

Rumänische Malerei des 19. und des frühen 20. Jhs., aber auch italienische, niederländische und flämische Meister, Ikonen, Möbel und alte Waffen zeigt das Museum im barocken Palais. *Mi–So 9–17 Uhr | Piaţa Unirii 30*

MICHAELSKIRCHE

In der gotischen Hallenkirche wurden viele siebenbürgische Fürsten gekrönt. Sehr wertvoll sind die Schleynig-Kapelle mit Malereien des frühen 15. Jhs. und die barocke Kanzel. Der Turm der Michaelskirche ist das höchste Bauwerk der Stadt. *Piaţa Unirii*

REFORMIERTE KIRCHE

Die gotische Kathedrale aus dem 15. Jh. stiftete der ungarische König Matthias Corvinus. Sehenswert ist u. a. eine geschnitzte Kanzel aus dem Jahr 1646. Vor der Kirche steht eine Statue des hl. Georg von 1373. *Str. Gh. Doja 1*

REITERSTANDBILD

Mächtig, umgeben von riesigen Kriegern, steht Ungarns König Matthias Corvinus am Südportal der Michaelskirche. 1902 errichtet, dokumentiert das Standbild den kulturellen Anspruch der Ungarn auf diesen Landstrich.

ESSEN & TRINKEN

CASA PIRATILOR

Deftige siebenbürgische Küche bietet dieses Lokal im verwegenen Piratendekor. *Str. Răvaşului 16 | Tel. 0264/46 66 36 | www.casapiratilor.ro* | €

CHIOS

Piekfein geht es zu in diesem Belle-Epoque-Bau am See im Stadtpark von Cluj. Man speist international, mit viel Lachs und Gorgonzola, nur bei den Desserts dominieren die traditionellen Pfannkuchen. *Parcul Principal | Tel. 0264/ 59 63 95* oder *28 46 15 | www.chios.ro* | €€€

HUBERTUS

Rumänische Küche wird hier in lustigen Arrangements in rustikalem Jägerdekor serviert. *Bd. 21. Decembrie 1989 Nr. 22 | Tel. 0264/19 67 43 | www.hubertus.ro* | €

ÜBERNACHTEN

FULLTON

Man ist hier direkt im Geschehen in einer kleinen Altstadtseitengasse. Das zweistöckige Hotel hat komfortable Zimmer, manche mit Himmelbett. Insider Tipp *19 Zi. | Str. Sextil Puşcariu | Tel. 0264/59 77 66 | Fax 59 79 89 | www.fullton.ro* | €€

MELODY CENTRAL

Der Altbau liegt direkt am zentralen Platz von Cluj. Die komfortablen Zimmer sind noch recht preiswert.

Piata Unirii 29 | Tel. 0264/59 74 65 | Fax 59 74 68 | www.hcm.ro | €€

PENSION CITY CENTRAL

Klein, aber fein und bei allem Komfort relativ preiswert ist diese Pension. Sie wurde in einem Neubau eröffnet, liegt aber in der Altstadt, zehn Gehminuten vom Opernplatz entfernt. *34 Zi. | Str. Victor Babes 13 | Tel. 0264/43 99 59 | €€€*

AM ABEND

Insider Tipp

INSOMNIA ▶▶

Wie der Name schon sagt, ist dies ein Ort für Schlaflose. In der von jungen Designern gestalteten Kneipe direkt neben der Babeş-Bolyai-Universität gibt es fast jeden Abend Livemusik unterschiedlicher Stilrichtungen. *Str. Iuliu Maniu 4*

AUSKUNFT

UNITA TOUR

Piaţa Unirii 10 | Tel. 0264/59 11 14

ZIELE IN DER UMGEBUNG

BISTRIŢA (BISTRITZ) **[123 F3]**

In der hübschen k.u.k.-Kleinstadt (87 000 Ew.), früher ein Zentrum für Handel und Handwerk, locken der Rundbogen-Laubengang auf der winkligen Hauptstraße und die spätgotische Kirche aus dem 16. Jh., Werk eines italienischen Architekten. Die Orgel ist 500 Jahre alt. Die Kirche ist nicht ständig geöffnet. Pfarramtsmitarbeiter schließen gern auf, wenn Touristen darum bitten. *100 km nordöstl.*

SĂVĂDISLA **[123 D4]**

Ins Grüne gucken und dabei schlemmen – das kann man in Săvădisla, einem verträumten Dorf bei Cluj. Vorbei an saftigen grünen Feldern auf rotbrauner Erde denken Sie, ans Ende der Welt zu fahren und landen dann aber in *Tamás' Bistro* (*Tel. 0264/37 46 00, 0744/39 69 47 | www.tamasbistro.ro | €*). Dort sitzen Sie in alten Kutschen und essen Ungarisch-Deftiges.

Insider Tipp

Der Chef István Tamás organisiert nach Absprache für seine Gäste auch Ausflüge mit Pferdewagen einschließlich Grill-Picknicks mit Volksmusik live. Er schließt außerdem das neue *Heimatmuseum* auf, dem die Bauern aus der Region die Gerätschaften ihrer Urgroßväter stifteten. Rustikal speisen können Sie außerdem in zwei weiteren Restaurants, bei *Csányi* oder bei *Csilla (€)*. Zum Übernachten bietet Tamás auch 15 Pensionszimmer *(€)*. *22 km südwestl.*

SIBIU (HERMANNSTADT)

[127 E2] Die uralten Torbogen und Gassen in Hermannstadt (170 000 Ew.) sind derart verwinkelt und verschachtelt, dass sie wie ein kubistisches Gemälde wirken. 2007 war Sibiu Kulturhauptstadt Europas. Aus diesem Anlass wurden Teile der Altstadt renoviert, die zum Weltkulturerbe der Unesco gehört. Aber es bleibt noch viel zu tun.

1223 erstmals urkundlich erwähnt, birgt Sibiu die mächtigsten Wehranlagen ganz Siebenbürgens. Bis zum Zweiten Weltkrieg blühten dort sowohl Maschinenbau als auch

Leichtindustrie. Nach dem dramatischen wirtschaftlichen Niedergang während des Kommunismus erlebt die Stadt jetzt einen rasanten Aufschwung.

SEHENSWERTES

ALTES RATHAUS (PRIMĂRIA VECHE)

Wegen seines spitzen gotischen Turms wirkt das Gebäude wie eine Kirche, doch das täuscht. Fast 500 Jahre lang war es das Rathaus. In die Spätgotik mischen sich Elemente der italienischen Renaissance. Der Turm ist ein guter Aussichtspunkt. *Di–So 9–17 Uhr | Str. Al. Odobescu 2*

BRUKENTHAL-MUSEUM (MUZEUL BRUKENTHAL) ★

Der barocke Palast des siebenbürgischen Gouverneurs und Kunstsammlers Baron Samuel von Brukenthal (1721–1803) ist das älteste Museum Rumäniens. Unter den insgesamt 900 000 Exponaten sind Werke von so bekannten Künstlern wie Rubens, Breughel und van Dyck. Außerdem enthält die Sammlung Volkskunst, Drucke sowie die 200 000 Bände umfassende Bibliothek des Barons mit wertvollen Exemplaren aus dem 15. und 16. Jh. *Di–So 10–17 Uhr | Piața Mare 4*

DEUTSCHES GYMNASIUM

Sehenswert ist die barocke Aula in diesem Gebäude aus dem 18. Jh., das den Namen des sächsischen Barons Samuel von Brukenthal trägt. An derselben Stelle stand schon 1380 eine deutsche Schule. *Piața Huet, gegenüber der evangelischen Stadtpfarrkirche*

Mittelalterlich verwinkelt? Sibiu kann auch anders, z. B. in der großzügigen Fußgängerzone

SIBIU (HERMANNSTADT)

EVANGELISCHE STADTPFARRKIRCHE

Als wäre sie wie ein Baum mit dem Boden verwachsen steht die dreischiffige gotische Kirche da, etwas zu wuchtig für den engen Platz. Zwischen 1322 und 1520 wurde sie erbaut. Sehenswert sind das Kreuzigungsfresko und das bronzene Taufbecken aus dem 15. Jh. sowie die zwei Flügelaltäre (16. u. 17. Jh.). *Piața Huet*

HALLER-HAUS

Sein Namensgeber und zeitweiliger Besitzer, der Königsrichter und Bürgermeister Peter Haller, baute das ursprünglich gotische Gebäude mit Patrizierturm 1537 im Renaissancestil um, sichtbar am Portal und an den Fensterrahmen. Im Erdgeschoss gibt es ein nettes Café. *Piața Mare 10*

LÜGENBRÜCKE ★

Die kleine gusseiserne Brücke an der *Piața Mica* aus dem Jahr 1859 soll einem Aberglauben zufolge einstürzen, falls ein Lügner sie betritt. Sie führt noch immer über einen alten Burggraben zur evangelischen Stadtpfarrkirche.

SCHATZKÄSTLEIN (CASA ARTELOR)

Im 14. Jh. war das Gebäude mit dem Laubengang das Zunfthaus der Metzger. Heute gehört es dem Brukenthal-Museum. *Piața Mica 21*

STADTBEFESTIGUNG

Nur noch Teile der alten Stadtmauer und vier der 500 Jahre alten Türme sind vorhanden. Sie tragen die Namen der Zünfte, die sie gebaut haben: Armbruster-, Töpfer-, Zimmermannsturm und Hallerbastei.

VOLKSKUNDE-FREILICHTMUSEUM (MUZEUL ASTRA)

In der zauberhaften Anlage im idyllischen Stadtwald Dumbrava werden insgesamt 340 alte Bauernhöfe und Mühlen gezeigt. Integriert ist auch eine zünftige Gaststätte. *4 km außerhalb Richtung Südwesten*

ESSEN & TRINKEN

ALT HERMANNSTADT (SIBIUL VECHI)

Insider Tipp

In diesem Lokal tragen die Kellner rumänische Bauerntracht, und auf den Teller kommt deftige Bauernküche, manchmal begleitet von Livemusik. *Str. Al. Papiu Ilarian 3 | Tel.*

> KIRCHENBURGEN

Nicht sieben, sondern über 200 waren es einst

Kirchenburgen sind das Markenzeichen und der Namensgeber Siebenbürgens. In nahezu jedem der insgesamt 241 Sachsendörfer gab es eine, an die 150 sind noch erhalten, wenn auch die meisten in baufälligem Zustand. Sie wurden zum Schutz gegen immer wieder angreifende Türken und Tataren gebaut. Um die Kirchen herum wurden Befestigungsanlagen mit zahlreichen Innenräumen errichtet. Die boten sämtlichen Dorfbewohnern Platz und waren mit allem ausgerüstet, was man während einer Belagerung brauchte: Schlafkammern, Korn- und Speckkammern, Wasserzufuhr, unterirdische Gänge, Schießscharten und Gefängniszellen.

0269/21 04 61 | www.sibiulvechi.ro | €€

Insider Tipp

CÎRCIUMA DIN BATRÂNI
Uriges Gasthaus in einem alten Bauernhaus im Freilichtmuseum Astra. Man isst deftig Siebenbürgisches. *Tel. 0269/24 22 67 |* €

CRAMA ILEANA
In diesem Weinkeller am Rand der Altstadt Sibius speisen Sie nach rumänischer Hirtentradition. Und hier wird der Maisbrei *mămăligă* auch noch in saurer Sahne gekocht. Sie sitzen auf Wolldecken, umgeben von mächtigen Hirtenpelzen an den Wänden. *Piaţa Teatrului 2 | Tel. 0269/43 43 43 | www.cramaileana.ro |* €€

WEINKELLER IM BUSSWINKEL
Die Altstadtkneipe führt tatsächlich diesen Namen, denn der Manager ist ein Deutscher, der rumänische Weinkultur vermittelt. Es gibt wenige, aber ständig wechselnde deftige Gerichte, auch Vegetarisches. *Str. Turnului 2 | Tel. 0269/21 03 19 | www.weinkeller.ro |* €

Mächtige Gotik: Sibius Evangelische Stadtpfarrkirche wirkt ausgesprochen wuchtig

ÜBERNACHTEN

IMPĂRATUL ROMANILOR
Früher wurde das schon seit 1733 betriebene Hotel in der Altstadt „Römischer Kaiser“ genannt. Heute hat das Traditionshaus Patina und wirkt leicht überteuert. *93 Zi. | Str. Nicolae Bălcescu 4 | Tel. 0269/21 65 00 | Fax 21 32 78 | hir@rdslink.ro |* €€€

PALACE DUMBRAVA
Hinter dem recht pompösen Namen verbirgt sich eine moderne Pension mit allem Komfort nahe dem Freilichtmuseum Astra. *34 Zi. | Str. Pădurea Dumbrava 1 | Tel. 0269/24 22 22 | rezervari@palaceresort.ro* | €€€

Schön lieblich: An Schässburgs Uhrenturm zeigen Figuren den Tag an

PENSIUNEA HERMANNSTADT
Klein, aber fein: Die neu hergerichtete Pension mit Restaurant liegt nahe dem Bahnhof. *10 Zi. | Str. Blănarilor 13 | Tel. 0269/21 23 40 | www.pensiuneahermannstadt-sibiu.ro* | €€

AUSKUNFT

TOURISTEN-INFORMATIONSBÜRO
Im Parterre des Rathauses, Eingang über Str. Brukenthal 2 | Tel. 0269/ 20 89 13

KULTOURS
Private Auskunftsagentur, organisiert auch thematische Stadtführungen. *In der Pension Casa Luxemburg, Piaţa Mica 16 | Tel. 0269/21 68 54*

ZIELE IN DER UMGEBUNG

AVRIG (FRECK) **[123 F6]**
Den verblassten Glanz siebenbürgisch-sächsischer Kultur können Sie in der Orangerie aufspüren, die der einstige Gouverneur, Aufklärer und Gelehrte Baron Samuel von Brukenthal *(www.brukenthal.org)* zur Zucht exotischer Früchte in Freck erbauen ließ. Heute blättert der Putz vom Gebäude des 18. Jhs. und der prächtige Park ist etwas verwildert. Die Orangerie gehört heute der evangelischen Kirche, die hier ein paar Zimmer an Touristen vermietet *(Buchung über das Stadtpfarramt in Sibiu | Tel. 0269/21 31 41). 20 km östl.*

BIERTAN (BIRTHÄLM) ★ **[127 F1]**
Wie Küken um die Glucke scharen sich die Bauernhäuser von Birthälm um die mächtige Kirchenburg aus dem 15. Jh. Sie ist die wertvollste Siebenbürgens. Die Tür der Sakristei besitzt 22 Riegel, die alle zugleich mit einer einzigen Schlüsseldrehung bewegt werden – ein Technikkunstwerk des Mittelalters. *80 km nordöstl.*

CISNADIOARA (MICHELSBERG) **[123 E6]** Insider Tipp
Dieses urige sächsische Dorf dicht bei Sibiu ist ideal zum Entspannen.

Am Dorfende beginnt der Silberbach, der auf Kieselsteinen mitten durch einen Wald hüpft. An dem knöchelseichten, idyllischen Rinnsal haben Kinder ihre Freude. Wahrzeichen und beliebter Treffpunkt ist der „halbe Stein“, ein Kletterfelsen am Bachufer. Er heißt so, weil er wie abgeschnitten wirkt. Herumklettern können Sie auch auf der mittelalterlichen Michelsberger Burg. Zum Wohnen gibt es immer mehr Pensionen. *5 km südwestl.*

MEDIAŞ (MEDIASCH) [127 E1]

Mitten in Weinhügeln versunken ist die poetische, verschlafene Kleinstadt (50 000 Ew.), ein Sibiu in Kleinformat. Im Zentrum steht eine Wehrburg mit gotischer Kirche und prächtigem holzgeschnitztem Altar. Man schlendert durch Torbögen, Gassen und Winkel. *55 km nordöstl.*

PĂLTINIŞ (HOHE RINNE) ▶▶ [127 E2]

An dem Bergdorf ist die Landstraße zu Ende. Es ist ein beliebter Ausgangspunkt für Wanderungen im Cibin-Gebirge und für Skisport. Die Pisten in 1200 m Höhe eignen sich für Könner. *30 km südwestl.*

SIBIEL ★ [127 E2]

In Sibiel lockt die größte Ikonensammlung des Landes. Die Kunstwerke sind in einem eigenen kleinen Museum *(tgl. 9–17 Uhr)* zu sehen, das auf dem Hof der orthodoxen Dorfkirche steht. Die Ikonen – naive Darstellungen von Bibelszenen, die anonyme Bauern hinter Glas gemalt haben – stammen v. a. aus dem 18. und 19. Jh. Besonders interessant sind jene, die aus der unmittelbaren Region kommen. Sie sind daran zu erkennen, dass auch ihr Holzrahmen bemalt ist. In Sibiel haben niemals Siebenbürger Sachsen gelebt, die Dorfkultur ist rein rumänisch. Der liebliche Ort ist auch ein idealer Ausgangspunkt für leichte Wanderungen. Am Kirchhoftor sind Schilder mit Adressen von Pensionen angebracht, Sie können aber auch unter *www.sibiel.ro* vorbestellen. *20 km westl.*

SIGHIŞOARA (SCHÄSSBURG) ★ [123 F5]

Wer schon von Hermannstadt verzaubert war, erlebt hier eine Steigerung. Die mittelalterliche Puppenstube (32 000 Ew.) fächert sich an einem Berg auf, umgeben von einer Wehranlage aus dem 12./13. Jh. Wahrzeichen ist der 64 m hohe, wuchtige *Stundturm*, der auch als Aussichtspunkt bestiegen werden kann. Figuren im Turmuhrwerk zeigen die Stunden und Wochentage an. Das *Museum* im Burginneren *(tgl. 9–16 Uhr)* beherbergt Exponate zur Stadtgeschichte und Teile der Apotheke des Meisters Andreas Bertram (1636). Die *Bergkirche* von 1345 mit dem verträumten Friedhof erreicht man über die 175 Stufen der *Schülertreppe*. Hier keuchen seit 1642 immer noch Schüler zur deutschsprachigen Bergschule hinauf. Jährlich im August gibt es ein ▶▶ Kulturfestival mit Gauklern, Hexen- und Vampirshows. Schässburg bekennt sich zum Draculamythos, denn das reale Vorbild des Blutsaugers, Fürst Vlad Ţepeş, wurde dort geboren. Ob sein Geburtshaus tatsächlich das Vlad-Dracul-Haus (heute ein Restaurant) war, ist aber nicht erwiesen. *90 km nordöstl.*

> SAVOIR-VIVRE AUF BALKANISCH

Geliebt und gehasst: die quirlige, geschundene Hauptstadt und ihr Hinterland

>Fremde durchqueren den staubdurchwehten Landstrich südlich der Karpaten meist ohne nach links oder nach rechts zu schauen. In der Bărăgan-Steppe um Bukarest und östlich Richtung Schwarzes Meer reiht sich ein Getreidefeld an das andere. Mit dem Ausdruck „in der tiefsten Walachei" verbinden Deutsche ein ödes und unberechenbares Niemandsland, das man besser meidet. Das Wort leitet sich vermutlich vom Begriff „welsch" her, mit dem im Deutschen früher alle romanischen Völker abwertend bezeichnet wurden. Die Rumänen selbst nennen die Gegend schlicht țara românească – „Rumänisches Land". Der Name stammt aus der Zeit vor 1859, als die Walachei ein eigenständiger Staat war, getrennt von Siebenbürgen und der Moldau.

In der Walachei gaben sich die Fremdherrscher die Klinke in die Hand. Kaum hatte sich das Land Mitte des 14. Jhs. unter Fürst Basarab I. von

Bild: Im Parlamentspalast in Bukarest

BUKAREST & WALACHEI

der ungarischen Hegemonie befreit, meldeten die Türken Hoheitsansprüche an. Sie ließen zwar rumänische Fürsten regieren, verlangten aber materiellen Tribut. 1856 wurde die Walachei unabhängiges Fürstentum, drei Jahre später mit der Moldau vereinigt.

Für Reisende mit Sinn für Kultur gibt es in der Region einiges zu entdecken: die altrumänische Architektur, die Fürst Constantin Brâncoveanu unter westlichem Einfluss prägte, die Fürstenschlösser in Târgovişte und Curtea de Argeş, Werke des Jahrhundertbildhauers Constantin Brâncuşi in Târgu Jiu und Rumäniens Hauptstadt Bukarest.

BUKAREST

KARTE IN DER HINTEREN UMSCHLAGKLAPPE

[128 B4] Die Steppen-Metropole (2,3 Mio. Ew.), rumänisch Bucureşti, scheidet die

Geister. Viele Rumänen hassen sie, aber nicht wenige lieben auch das eher raue balkanische Flair der Stadt und ihr gewisses Savoir-vivre. Die Bukaresthasser beklagen die allgemeine Aggressivität im Umgang der Menschen untereinander. Rasende Autofahrer scheuchen Fußgänger von Zebrastreifen und parken rücksichtslos Toreinfahrten und Gehsteige zu. Dem Verkehr droht ständig der Infarkt. Abgase verpesten die Luft. Bukarestfans wiederum schätzen gerade diesen Tanz am Rande des Nervenzusammenbruchs, weil er den unverwechselbaren Humor der rumänischen Hauptstadt hervorbringt. Typische Bukarester sind schlagfertig, ein bisschen boshaft und selbstironisch.

Optisch zerfällt Bukarest in widersprüchliche Welten. Im Norden liegt das Villenviertel der Politiker und Diplomaten in gepflegtem Grün, begrenzt vom riesigen Herăstrău-Park. Die Stadtmitte mit dem bunten Architekturmix ist kreuzartig durchschnitten von den lebhaften Boulevards Bălcescu, Magheru, Elisabeta und Carol. Nach Süden hin ziehen sich ungepflegte Plattenbauviertel, in denen das Gros der kleinen Beamten, der Arbeiter, Lehrer und Studenten wohnt. Mittendrin liegt das ärmliche Romaviertel Ferentari – aus Angst vor Gewalttaten traut sich nicht jeder hierher.

Der Boulevard Unirii – charmant und grell zugleich, so widersprüchlich wie die ganze Stadt

Zum ersten Mal erwähnt wurde der Marktflecken Bukarest im Jahr 1459. Der Ortsname geht auf einen Hirten namens *Bucur* zurück, der hier einst eine befestigte Herberge baute, einen so genannten *han*. Die berühmteste Karawanserei, *Hanul lui Manuc*, wurde im 19 Jh. nachgebaut, ist aber derzeit wegen Umbauarbeiten nur von außen zu betrachten *(Str. Franceză 62–64)*.

Die erste Blütezeit erlebte Bukarest um 1900, als die Hohenzollernkönige hier fieberhaft nach dem Vorbild des französischen Fin de Siècle zu bauen begannen. Die privaten Bauherren hatten viel Freiheit. Deshalb herrscht in einigen Vierteln eine charmante Stilvielfalt. Häuser in altrumänischem Stil mit Säulen und verzierten Rundbögen stehen neben italienisch anmutenden Villen, Gründerzeit neben Bauhaus und Art déco. Viele Gebäude jedoch wurden 1944 bei den deutschen Bombenangriffen zerstört, andere beim schweren Erdbeben von 1977. Besonders verheerend aber war die Vernichtungswut Nicolae Ceauşescus in den 1980er-Jahren. Er legte drei alte Stadtviertel in Schutt und Asche, um Platz zu schaffen für seinen monströsen „Palast des Volkes". 20 Kirchen wurden dem Erdboden gleichgemacht – acht wurden durch Verschieben gerettet. Sie stehen heute eingeklemmt zwischen tristen Mietskasernen.

Mit all den Widersprüchen bietet Bukarest ein buntes, quirliges Bild. Immer mehr Lokale eröffnen, die meisten mit italienischer Küche und Design. Elegante Menschen schlendern auf den Innenstadtboulevards, an den Ecken stehen Romafrauen mit bunten Röcken und verkaufen Blumen. Fast jeder spricht Englisch oder Französisch, Deutsch eher wenige. Man bewegt sich am besten mit U-Bahn, Bussen oder Taxis fort.

SEHENSWERTES

BELLU-FRIEDHOF [0]

Ein Panoptikum des Pathos: Künstler, Politiker und reiche Familien haben hier ihre prunkvollen Grüfte mit klassizistischen Säulen und barocken Statuen. *Şoseaua Oltenitei*

MARCO POLO HIGHLIGHTS

★ Curtea de Argeş
In der Klosterkirche liegen Rumäniens Fürsten begraben (Seite 71)

★ Stavropoleos-Kirche
Reiche Holzschnitzereien machen sie zu einem Denkmal altrumänischer Baukunst (Seite 64)

★ Museum des Rumänischen Bauern
Das preisgekrönte Museum zeigt rumänisches Landleben in unverfälschter Form (Seite 63)

★ Horezu
Ausflug zu altrumänischer Baukunst und berühmter Keramik (Seite 71)

★ Brâncuşi-Park
Die Monumentalplastiken des rümänischen Bildhauers lohnen einen Abstecher nach Târgu Jiu (Seite 70)

★ Parlamentspalast
Ohne Rücksicht auf Verluste gebaut: Der monströse Palast in der Hauptstadt zeugt von Diktatur und Menschenverachtung (Seite 64)

★ Mogoşoaia-Palast
Mit dem idyllisch am See gelegenen Schloss prägte Fürst Brâncoveanu den nach ihm benannten Baustil (Seite 68)

Noch ein Widerspruch: Im Museum für zeitgenössische Kunst hängen großformatige Ikonen

Insider Tipp **CEAUŞESCUS GRAB** [O]

Nahe dem Haupteingang des Ghencea-Friedhofs wurde das Ehepaar Nicolae und Elena Ceauşescu nach seiner Hinrichtung 1989 begraben. Auf zwei schlichten Gräbern stehen die Namen, die einst Rumänien in Angst und Schrecken versetzt haben. Das Grab des Diktators trägt sowohl Kreuz als auch den kommunistischen roten Stern. Elenas Grab liegt ein paar Meter entfernt – völlig unbeachtet, denn Ceauşescus Frau war beim Volk noch verhasster als der Diktator selbst. *Bd. Ghencea*

CIŞMIGIU [U C3]

In der kunstvollen Parkanlage im Zentrum mit französischen Hecken, Weiher, Spielplatz, Café und sprudelnder Quelle erholen sich die Bukarester. Hier treffen sich auch Freiluftschachspieler. *Zugänge Bd. Mihail Kogălniceanu und Bd. Ştirbei Vodă*

DORFMUSEUM (MUZEUL SATULUI) [O]

Das beeindruckende Freilichtmuseum im Herăstrău-Park zeigt rund 300 jahrhundertealte Bauernhäuser, Kirchen und Mühlen aus allen Teilen des Landes. *April–Sept. Mo 9–17, Di–So 9–20, Okt.–März tgl. 9–17 Uhr | Zugang Şoseaua Kisseleff*

GESCHICHTSMUSEUM (MUZEUL NAŢIONAL DE ISTORIE) [U D4]

Highlight ist die Schatzkammer mit der Krönungskrone der rumänischen Königinnen und Schmuckstücken aus vorrömischer Zeit. Besonders wertvoll ist eine Sammlung gotischer Objekte aus dem 5. Jh., so die „Henne mit Küken aus Gold" *(Closca cu puii de aur)*: Es sind mit Edelsteinen geschmückte Vasen, Fibeln, Ringe, Teller und Schalen aus Gold, die 1876 im Dorf Pietroasa im Karpatenknie gefunden wurden. Kuriosität in der Steinzeitabteilung ist der „Denker von Hamangia" *(Gânditorul de la Hamangia)*. Die Tonstatuette, die wie eine moderne Plastik wirkt, ist über 6000 Jahre alt und wurde bei Cernavoda am Schwarzen Meer gefunden. Kopien des „Denkers" werden überall verkauft und machen sich gut als Briefbeschwerer. *Di–So 9–17 Uhr | Calea Victoriei 12*

HERĂSTRĂU-PARK [O]

Mit frischem Grün auf 187 ha ist der Park am Nordrand die Lunge der

Stadt. Spielplätze, zwei Seen, Ruder- und Tretbootverleih sowie Caféterrassen locken bei gutem Wetter viele Besucher an. *Şoseaua Kisseleff*

KIRCHE AM ALTEN FÜRSTENHOF (BISERICA CURTEA VECHE) [U E4-5]

Das Besondere an dem Bauwerk sind die rötlichen Streifenornamente und der reliefartige Kranz aus Wellenlinien am oberen Teil der Fassade. Innen sind die Wände größtenteils verrußt, doch nahe der Altarwand finden sich Fragmente von Fresken aus dem 16. Jh. Sie gilt als älteste Kirche in Bukarest, weil ihr Grundstein bereits im 14. Jh. gelegt wurde, und war ursprünglich Teil des alten Fürstenhofs, von dem nur noch Ruinen übrig sind. *Str. Iuliu Maniu 33*

KÖNIGSPALAST (PALATUL REGAL) [U D3]

Rumäniens letzter Königspalast dominiert die *Piaţa Revoluţiei* in der Stadtmitte. Das neoklassizistische Bauwerk (1937) war ein Auftragswerk des lebenslustigen und despotischen Königs Carol II. Heute dient das Gebäude als Nationalgalerie.

MUSEUM DES RUMÄNISCHEN BAUERN (MUZEUL ŢĂRANULUI ROMÂN) ★ [O]

Das preisgekrönte Museum präsentiert alte Trachten, Kunsthandwerk, Werkzeug und christliche Kultgegenstände. Prachtstücke sind zwei Holzkirchen aus dem 17. und dem 18. Jh. Unbedingt zu empfehlen ist der Insider Tipp Museumsshop. Hier gibt es u.a. original alte Bauerntextilien, die Bäuerinnen aus dem ganzen Land immer noch aus ihren Truhen kramen und zum Museum bringen, außerdem Keramik und CDs mit unverfälschter Volksmusik. *Di–So 10–18 Uhr | Şoseaua Kisseleff*

MUSEUM FÜR ZEITGENÖSSISCHE KUNST (MUZEUL NAŢIONAL DE ARTĂ CONTEMPORANĂ) [U B-C5]

Das Museum in Ceauşescus Riesenpalast ist für Werke zeitgenössischer rumänischer Künstler vorgesehen. Die Terrasse des Museumscafés im 4. Stock ist ein guter Aussichtspunkt. *Tgl. 10–18 Uhr | Palatul Parlamentului | Calea 13 Septembrie |*

NATIONALGALERIE (MUZEUL NAŢIONAL DE ARTĂ) [U D2-3]

Die Nationalgalerie im früheren Königspalast zeigt rumänische Malerei vom 10. Jh. bis zur Moderne – mehr als 70000 Exponate. Bedeutendste Namen sind die Maler Theodor Aman und Gheorghe Tăttărascu, Gründer der rumänischen Kunstakademie Ende des 19. Jhs. Zu sehen gibt es auch Kunstwerke ab dem 15. Jh. von deutschen, niederländischen, italienischen und französischen Meistern. *Mi–So 11–19 (Mai–Sept.), 10–18 Uhr (Okt.–April) | Palatul Regal | Piaţa Revoluţiei | 1. Mi im Monat Eintritt frei | www.mnar.arts.ro*

PALAST UND KIRCHE DES PATRIARCHEN (PATRIARHIA) [U D6]

Der auf einem Hügel gelegene Palast mit Kirche ist Sitz des Patriarchen, Oberhaupt der rumänisch-orthodoxen Kirche. Der Komplex des 17. Jhs. war zunächst ein Kloster. Die Kirche beherbergt eine prächtige vergoldete Ikonostase und eine besonders wertvolle Ikone (1665), die die Schutzheiligen Constantin und Elena darstellt. Rechts daneben steht der Wohn- und Amtspalast des Patriarchen im Brâncoveanu-Stil, links ein klassizistischer Palast. *Dealul Patriarhiei*

PARLAMENTSPALAST (PALATUL PARLAMENTULUI) ★ [U B-C5]

Den monströsen Palast, mit insgesamt 450 000 m^2 nach dem Pentagon in Washington das zweitgrößte Gebäude der Welt, ließ Diktator Ceauşescu bauen. Für viele Bukarester eine architektonische Wunde, ist er in jedem Fall wegen seiner Hässlichkeit und seiner Monumentalität sehenswert. 700 Architekten und 20 000 Arbeiter haben fünf Jahre rund um die Uhr daran gearbeitet. Die mehr als 3000 Zimmer, 60 Korridore und 64 Empfangssäle sind reich mit kitschigen Marmorreliefs verziert. Die Riesenteppiche wiegen jeweils ein gutes Dutzend Tonnen. Von den Decken hängen tonnenschwere Kristalllüster. Die Baukosten von etwa 3,5 Mia. US-Dollar brachten dem Volk zusätzliches Elend. Auf einem künstlichen Hügel angelegt, dominiert der Palast eine Neubauallee im gleichen Stil. Heute sind hier Abgeordnetenhaus und zahlreiche staatliche Institutionen untergebracht. *Tgl. 10–16 Uhr | nur mit Führung | Bd. Unirii*

PLATZ DER REVOLUTION (PIAȚA REVOLUȚIEI) [U D2]

Hier spielten sich 1989 die Höhepunkte der blutigen Wende ab. Vom Dach des früheren Gebäudes des Zentralkomitees der rumänischen KP aus den 1950er-Jahren gegenüber dem Königspalast floh das Diktatorenpaar drei Tage vor seiner Hinrichtung per Hubschrauber vor wütenden Demonstranten. Minuten zuvor hatte Ceauşescu vom Balkon seine letzte Rede gehalten.

STAVROPOLEOS-KIRCHE ★ [U D4]

Mit reichen Holzschnitzereien im Neo-Brâncoveanu-Stil ist sie die

Haus des Sieges über das Volk: So wird der Parlamentspalast im Volksmund genannt

schönste Kirche Bukarests im alten Kaufleuteviertel. Ihre Geschichte begann profan mit einem *han*, den der griechische Mönch Ioannikios im 18. Jh. baute. *Str. Poştei 6*

TRIUMPHBOGEN (ARCUL DE TRIUMF) [0]

Die Imitation des Pariser Arc de Triomphe wurde zum Ruhm der rumänischen Armee im Ersten Weltkrieg erbaut. *Şoseaua Kisseleff*

UNIVERSITÄTSPLATZ (PIAŢA UNIVERSITĂŢII) [U D-E3]

Der Platz vor dem klassizistischen Universitätsgebäude von 1875 ist geschichtsträchtig, weil hier im Mai 1990 Gegner der Wenderegierung wochenlang protestierten. Die Dauerdemo wurde brutal von Horden prügelnder Bergarbeiter aufgelöst, mit Billigung des Wendepräsidenten Ion Iliescu. *Kreuzung Bd. Bălcescu und Bd. Regina Elisabeta*

ESSEN & TRINKEN

CARUL CU BERE [U D4]

Das Bierlokal von 1875 wurde von einem polnisch-österreichischen Architekten entworfen. Das Innere prägt deutsch-englische Neugotik mit Holzbalken und bunten Glasscheiben. Das Essen ist nicht zu empfehlen, aber der Besuch lohnt sich wegen des Interieurs und wegen des Biers. *Str. Stavropoleos 3–5 | Tel. 021/313 75 60* | €€

LOCANTA JARIŞTEA ▶▶ [U C–D 5–6]

Hierher kommt man nicht einfach nur zum Essen. Nein, hier verbringt man märchenhafte Abende in verträumtem, altrumänischem Interieur und lässt gern drei bis vier Gänge auffahren. Chefin Laura probiert immer wieder neue Gerichte nach alten, vergessenen Rezepten aus und belustigt die Gäste mit ihren Auftritten in wallenden Gewändern und verrückten Hüten. Für die Livemusik zum Tanzen stehen Klavier und Zymbalon bereit. Regisseur Francis Ford Coppola soll sich hier während seiner Dreharbeiten in Rumänien bestens unterhalten haben. *Str. George Georgescu 50–52 | Tel. 021/335 33 39 | www.jaristea.ro* | €€€

LA ŞONI ▶▶ [U B–C1] Insider Tipp

Der Name dieses Lokals steht nicht draußen dran. Das ist auch gar nicht nötig, denn Şoni (sprich: Schonji) kennt jeder, weil er seinen Ruhm als Koch im Hippie-Schwarzmeerort Vama Veche *(S. 89)* erworben hat. Sein Bukarester Restaurant liegt in einem alten, ebenerdigen Haus mit Stuck an der Fassade. Es geht durch ein unscheinbares Hoftor hinein, die Gäste setzen sich drinnen an Biergartentische und essen z. B. feine Estragonsuppe mit Räucherfleisch oder Hammel mit Knoblauch. *Str. Sfinţii Voievozi 13* | €€

EINKAUFEN

AMZEI-MARKT [U D2]

Dies ist die Adresse für betuchte Bukarester, denn der Markt liegt mitten in der Innenstadt, wo die Bauern mit zahlungskräftiger Kundschaft rechnen. Leider ist ein Teil der Fläche mit hässlichen Markthallen verbaut worden. Um die Gemüsestände herum und in den Nebengassen liegen lauter Feinkostmärkte. *Piaţa Amzei*

LIPSCANI-VIERTEL [U D4]

Das älteste Händlerviertel der Stadt an der *Biserica Curtea Veche*. In den verwinkelten Straßen *Lipscani* („Leipziger“), *Blanari* („Kürschner“) und *Kovaci* („Schmiede“) reihen sich kleine Läden und Werkstätten aneinander. Man findet alles, was es auch in Kaufhäusern gibt, nur billiger: Kleidung und Stoffe, Lebensmittel, Schrauben und Kacheln fürs Bad.

Die Lipscani-Straße heißt so, weil hier vor rund 300 Jahren deutsche Importwaren verkauft wurden. Besonders reizvoll ist das Galerienparadies *Hanul cu Tei (Str. Blănari 5–7)*. Schwere schwarze schmiedeeiserne Türen und Fensterläden zieren die von Künstlern gestalteten Geschäfte in diesem Innenhof. Hier kaufen Maler ihre Staffeleien, Leinwände und Farben. In den Galerien wird zudem zeitgenössische rumänische Kunst angeboten und allerlei für die Wohnung: originell gerahmte Spiegel, Keramik- und Kristallgefäße sowie Textilien.

ÜBERNACHTEN

EL GRECO [U E3]

Kuscheliges, luxuriöses Altstadtdomizil in der Nähe des Universitätsplatzes. Bisweilen stört Straßenlärm die Ruhe, wie überall in Bukarest. *14*

> BÜCHER & FILME

Leben und Sterben im Rumänien von gestern und heute

> **Rumänien** – Der Journalist Keno Verseck fasst in seinem kenntnisreichen und präzisen Überblick Geschichte, Kultur und Politik zusammen.

> **Geschichten aus Maghrebinien** – Der Klassiker Gregor von Rezzoris ist eine Sammlung witziger, satirischer Geschichten aus einem Phantasieland, in dem Rumänienkenner deutliche Parallelen zum Karpatenland sehen.

> **Der erste Hermannstädter war ein Räuber** – Feines, bibliophil gestaltetes Buch, das eine satirische Phantasieversion der Entstehungsgeschichte Hermannstadts erzählt. Die Autorin Johanna Letz stammt aus Sibiu.

> **4 Monate, 3 Wochen und 2 Tage** – Im Zentrum des 2007 in Cannes mit der Goldenen Palme ausgezeichneten Films von Cristian Mungiu steht eine illegale Abtreibung während des Kommunismus in Rumänien, als Schwangerschaftsabbrüche und Verhütungsmittel streng verboten waren. Der Film beeindruckt durch seinen Realismus, der nicht belehrt, sondern einfach nur unter die Haut geht, der die Eiseskälte und den Zynismus der Diktatur spüren lässt.

> **Tod des Herrn Lazarescu** – Der international preisgekrönte Film von Cristi Puiu zeichnet das Sterben eines älteren Mannes nach, der dem desolaten rumänischen Gesundheitswesen zum Opfer fällt (2005).

> **Gratian** – Thomas Ciulei porträtiert in seiner Dokumentation einen alten Mann in einem Dorf der Apuseni, den die Bauern für einen Werwolf halten. Der Alte lebt davon, dass die Legende besagt, der Werwolf verschone die Schafe, wenn man ihn regelmäßig füttert. Er hat seine eigenen Ideen zu Gott und Kosmos.

Zi. | *Str. Jean-Luis Calderon 16* | *Tel. 021/3158141* | *Fax 3158898* | *www.hotelelgreco.ro* | €€€

OPERA **[U D4]**

In dem modernen kleinen Neubau nahe dem Altstadtviertels Lipscani hat man höchsten Komfort und ist mitten im Geschehen. *33 Zi.* | *Str. Brezoianu 37* | *Tel. 021/312 48 55* | *Fax 312 48 58* | *www.hotelopera.ro* | €€€

TRIUMF **[0]**

Das ruhige, komfortable Haus steht im grünen Diplomatenviertel unweit des Herăstrău-Parks. *99 Zi.* | *Şoseaua Kiseleff 12* | *Tel. 021/222 31 72* | *Fax 223 24 11* | €€

AM ABEND

ATHENÄUM (ATENEUL ROMÂN) **[U D2]**

Das Konzerthaus im neoklassizistischen Rundbau gegenüber dem früheren Königspalast bietet klassische Konzerte der rumänischen Staatsphilharmonie aus dem gängigen Repertoire. Gelegentlich gastieren auch Orchester und Solisten aus dem Ausland. *Karten nur an der Kasse von 12–19 Uhr* | *Str. C. Exarhul 2*

GREEN HOURS 22 **[U C2]**

In diesem Kleinkunstkeller gibt es fast jeden Abend Vorstellungen, meistens Jazzkonzerte. *Calea Victoriei 120* | *Tel. 021/3145751*

Insider Tipp

LA MOTOARE/ LĂPTĂRIA LUI ENACHE **[U E3]**

Origineller Treffpunkt junger Leute im 4. Stock des Nationaltheaters. Die Terrasse *La Motoare* ist nur im Sommer geöffnet. Nach 22 Uhr gibt es Konzerte und Filmvorführungen. Im Herbst und Winter sitzt man in der angrenzenden Bar *Lăptăria lui Enache* („Enaches Molkerei") und trinkt Milch, aber auch Hochprozentiges. Konzerte, darunter Jazz, gibt es vor allem am Wochenende. *Bd. Bălcescu 2*

Feste Größe im Nachtleben: Livemusik

LIPSCANI-VIERTEL **[U D–E4]**

In dem lebendigen, aber noch sehr sanierungsbedürftigen Altstadtviertel zwischen den Straßen Smârdan, Lipscani, Selari und Covaci haben junge Leute allerhand originelle Oasen in Gestalt von Cafés und Bars geschaffen. Hier würde sich eine Kneipentour anbieten, ausgehend z.B. vom *Café Arcade, Str. Smârdan 30 | www.arcade-cafe.ro*

Vom Sockel geholt: Lenin und Co.

AUSKUNFT

REISEBÜRO ONT CARPAȚI [U D2]
Bd. Magheru 7 | Tel. 021/314 51 60 | www.ont.ro

ZIELE IN DER UMGEBUNG

Insider Tipp **GOLEȘTI** [127 F3]
Eines der ältesten Herrenhäuser Rumäniens, einst im Besitz der aufgeklärten, liberalen Adelsfamilie Golescu. Der bekannteste Spross war der Reiseschriftsteller Dinicu Golescu (1777–1830), der sich auch sozial engagierte. Er errichtete auf dem Anwesen die erste Dorfschule Rumäniens (1826), die man besichtigen kann. Im Haus sind die zwei Welten zu sehen, in denen Rumäniens Adel damals lebte: westeuropäisches Mobiliar und orientalische Divans. *Di–So 9–17 Uhr | 100 km nordwestl.*

MOGOȘOAIA-PALAST ★ [128 B4]
Das Schloss von 1702 gilt als reinstes Beispiel für den Brâncoveanu-Stil. Typisch ist der dreimal geschwungene Arkadenbogen an Aufgängen und Terrassen, ähnlich einem Kleeblatt. Fürst Constantin Brâncoveanu selbst ließ das Schloss am idyllischen Mogoșoaia-See bauen. Im Schlosspark liegen die bronzenen Statuen Lenins (Insider Tipp) und des kommunistischen Regierungschefs Petru Groza. Sie wurden nach der Wende in Bukarest von ihren Sockeln geholt und in den Schlossgarten „entsorgt". *2 km nordwestl. Richtung Buftea*

SNAGOV [128 B4]
Auf der Klosterinsel im Snagov-See wurde angeblich Draculas Vorbild, der walachische Fürst Vlad Țepeș, begraben. Fest steht, dass Țepeș die Befestigungsanlage für das Kloster aus dem 15. Jh. errichten ließ. Hier gab es eine der ersten Druckereien Rumäniens. Lange diente das Kloster auch als Gefängnis für politische Häftlinge unterschiedlicher Regime. Sehenswert ist in der Kirche das größte zusammenhängende Bibelszenenfresko Rumäniens. *15 km nördl.*

TÂRGOVIŞTE

[128 A3] **In der beschaulichen Kleinstadt (85 000 Ew.) in den Hügeln am Fuß der Karpaten hielt Fürst Vlad Ţepeş („der Pfähler") einst Hof.** Vom 14. bis 16. Jh. war dies die Hauptstadt der Walachei. Vom alten Fürstenpalast sind mitten in der Stadt romantische Ruinen zu sehen. In der Militärgarnison *(rechts neben dem Bahnhofshaupteingang)* wurden Nicolae Ceauşescu und seine Frau Elena am 25. Dezember 1989 hingerichtet. Die Garnison kann man nur von außen ansehen – Fotografieren ist verboten! Das Städtchen ist ein guter Ausgangspunkt für Ausflüge zu den berühmten Klöstern Horezu und Curtea de Argeş sowie zum Brâncuşi-Skulpturenpark in Târgu Jiu.

SEHENSWERTES

ALTER FÜRSTENPALAST (COMPLEXUL MUZEISTIC CURTEA DOMNEASCĂ)

Zu diesem Museumskomplex gehören der Alte Fürstenpalast, die Fürstenkirche *(Biserica Domnească)* und das Buchdruckmuseum. Dominant am Fürstenpalast ist der alte zylindrische Wachturm *(Turnul Chindiei)*, von dem aus die Wächter bei Sonnenuntergang das Schließen der Stadttore verkündeten. Auf den Ruinen des Palastes kann man herumklettern und die verschiedenen Bauphasen vom 14. bis 18. Jh. studieren. Die aus roten Ziegeln gebaute Fürstenkirche (16. Jh.) ist ein Beispiel für die Architektur der Vor-Brâncoveanu-Zeit. Sie hat schlichte Rundbögen, aber noch fehlen die typischen reichen orientalischen Ornamente. *Di–So 9–17 Uhr | Str. Justiţiei 3–5*

KLOSTER DEALUL

Die idyllisch auf einem Hügel am nordöstlichen Stadtrand gelegene schlanke Klosterkirche (16. Jh.) mit zwei Türmen ist im byzantinischen Stil gehalten. Schlichte Blendarkaden in zwei Etagen schmücken die Außenfassade aus geschliffenem weißen Stein, dazu abstrakte Rosettenreliefs. Hier liegt unter einer Marmorplatte mit Bronzekrone der Kopf des Fürsten Michael der Tapfere begraben, der 1600 erstmals alle drei rumänischen Fürstentümer – Walachei, Moldau und Siebenbürgen – vereinigte. *3 km außerhalb | Ausfahrt Str. Mihai Bravu*

KLOSTER STELEA

Sehenswert ist an dieser Klosterkirche von 1645 in der Stadtmitte der

>LOW BUDGET

- Preiswerte Kunstwerke gibt es in einem Laden direkt neben der Bukarester Kunstakademie. Dort werden Werke verkauft, die Studenten als Übungen und Examensarbeiten anfertigen: Keramikgefäße, originell bedruckte oder gewebte Stoffe, Kleinplastiken und Gemälde angehender Künstler, die – wer weiß – vielleicht einmal berühmt werden *(Mo–Fr 9–15.30 Uhr | Calea Grivitei 28)*.
- In Bukarest kommen Sie unter freiem Himmel mit dem Laptop draht- und kostenlos ins Internet – z. B. auf den Stufen des Nationaltheaters, am Springbrunnen des Universitätsplatzes und an einigen Stellen im Cişmigiu-Park, der demnächst komplett mit WLAN abgedeckt werden soll.

Stilmix. Innen glänzt eine prächtige Ikonostase im Brâncoveanu-Stil. Doch die Grundstruktur und die weiße Außenfassade sind älter – Modell stand die Kirche der Drei Hierarchen in Iaşi. *Str. Stelea 4*

ESSEN & TRINKEN

DON QUIJOTE

Nichts Spanisches, sondern echte rumänische Küche gibt es hier zu essen. Das gemütliche, rustikale Lokal mit dem steinernen Kamin ist das beliebteste am Ort und liegt fünf Gehminuten vom Alten Fürstenhof entfernt gegenüber der Hauptpost. *Str. Dr. Marinoiu 9* | €€

ÜBERNACHTEN

DÂMBOVIŢA

Das renovierte 6-stöckige Hotel aus den 1970er-Jahren liegt angenehm am zentralen Park, wo auch die Metropolitenkirche steht. Der Alte Fürstenhof ist zu Fuß in 10 Min. zu erreichen. *90 Zi. | Bd. Libertăţii 1 | Tel./Fax 0245/21 33 74 oder 21 33 70 | www.hoteldambovita.ro* | €€

VALAHIA

Hier wohnt man mit Blick auf die alte Stelea-Kirche, ganz in der Nähe der wichtigsten Sehenswürdigkeiten. Das 5-stöckige Gebäude aus den 1980er-Jahren bietet preiswerten Basiskomfort. *108 Zi. | Bd. Libertăţii 7 | Tel. 0245/63 44 91 | Fax 021/312 59 92* | €

AUSKUNFT

Basisinformationen gibt es an allen Hotelrezeptionen.

ZIELE IN DER UMGEBUNG

BRÂNCUŞI-PARK ★ [127 D3]

Der berühmte Bildhauer Constantin Brâncuşi wurde in der Bergbaustadt *Târgu Jiu* geboren, die mit ihren tristen Plattenbauten abschreckt. Eine Reise wert ist der Brâncuşi-Skulpturenpark *(tgl. Mai–Dez. 6–22 Uhr, Jan.–April 7–20 Uhr | Calea Eroilor).*

Wo sich Könige zur ewigen Ruhe betten ließen: Hügellandschaft bei Curtea de Argeş

Drei monumentale Objekte Brâncuşis von 1937 und 1938 stehen hier in einer Achse im Abstand von mehreren Hundert Metern: das „Tor des Kusses", der „Tisch des Schweigens" sowie die „Säule der Unendlichkeit". Zwischen dem „Tor" und dem „Tisch" liegt die „Allee der Stühle". Die fast 30 m hohe „Säule" entwarf Brâncuşi im Auftrag der Regierung als Denkmal für die Helden des Ersten Weltkriegs. Die Bauern der Gegend sahen in ihr ein Phallussymbol, was dem Objekt entsprechende Spitznamen einbrachte. Die Kommunisten fanden die Säule westlich-dekadent, wollten sie umstürzen, schafften es aber nicht, sie ins Wanken zu bringen. Über Brâncuşi informiert eine Ausstellung im kleinen *Museum (Di–So 9–17 Uhr)* im Park. Gut übernachten kann man in der Nähe im *Hotel Brâncuşi (42 Zi. | Bd. Constantin Brâncuşi 10 | Tel. 0253/21 59 81 | Fax 21 11 67 | www.hotelbrancusi.ro | €). 200 km westl.*

CURTEA DE ARGEŞ ★ [127 F3]

Hier liegen fast alle rumänischen Könige begraben, darunter auch die Hohenzollernmonarchen. Der Ort war von 1369 bis 1418 die Hauptstadt der Walachei. Das 1521 gebaute Kloster in einem französisch gestutzten Park ist ein Paradebeispiel byzantinischer Baukunst aus der Vor-Brâncoveanu-Zeit. Kuriosität der Fürstenkirche sind zwei der vier Türme, deren Fenster nicht senkrecht stehen, sondern schräg. Der *Manole*-Brunnen von 1804 erinnert an den unglücklichen Baumeister des Klosters, der seine eigene Frau einmauern musste, um das Bauwerk zu vollenden.

Ein schönes Ziel für einen Spaziergang ist die Kirchenruine *Sân Nicoară* (14. Jh.) auf einem Hügel im südlichen Teil von Curtea de Argeş. *140 km nordwestl.*

HOREZU ★ [127 E3]

Das Kloster aus dem 17. Jh. in einem Dorf am Fuß der Karpaten ist eines der schönsten Beispiele der Brâncoveanu-Baukunst und gehört zum Weltkulturerbe der Unesco. Umgeben von Festungsmauern mit einem großen Arkadeninnenhof, steht es in der welligen, grünen Landschaft. Der Ort ist zudem ein berühmtes Zentrum für handgefertigte Keramik mit ganz eigenen charakteristischen Elfenbeingrundtönen und filigranen Mustern in diskreten Erdtönen. Typisches Motiv ist der Hahn – er prangt mitten auf Tellern und Schüsseln. Die Ware ist an mehreren Verkaufsstellen zu haben. Jeden ersten Sonntag im Juni gibt es in Horezu auch einen Töpfermarkt mit Anbietern aus dem ganzen Land. *180 km nordwestl.*

> FÜR JEDE SCHLACHT EIN KLOSTER

Die farbenprächtigen Anlagen in herrlicher Landschaft verdanken ihre Entstehung den vielen Kriegen gegen die Türken

> Stefan der Große (1457–1504) war eher klein von Wuchs und jähzornig, sagen die Chroniken. Der moldauische Fürst hinterließ der Welt Kostbarkeiten, die eng mit seinem Kriegshandwerk verbunden waren: Nach jeder Schlacht gegen die Türken stiftete Stefan ein Kloster – 44 insgesamt. Diese Wunderwerke der Farbenpracht stehen nun verstreut in den welligen, grünen Hügeln der Bukowina. Ihre leuchtenden Außenfresken stellen biblische Szenen dar, die einst dem leseunkundigen Volk als eine Art „Bibel der Armen" dienten. Zum Gebet rufen Kirchenglocken, nicht selten aber auch das Stundenholz – eine meist frühabendliche Zeremonie, die man sich nicht entgehen lassen sollte: Gegen 17, 18 Uhr wird in vielen Klöstern und kleinen Dorfkirchen Holz in so raffiniertem, ansteigendem Tempo auf Holz geschlagen, dass mancher Schlagzeuger einer Rockband neidisch werden könnte.

Bild: Kloster Sucevița in der Bukowina

MOLDAU & BUKOWINA

König Stefans Reich, die Moldau und die Bukowina, zog sich weit in die heutigen nördlichen Nachbarländer Rumäniens, die Ukraine und Moldawien, hinein. Die rumänische Region Moldau mit ihrer Hauptstadt Iaşi liegt nahe der östlichen Landesgrenze. Nördlich der Moldau liegt die Bukowina mit der Hauptstadt Suceava. Die Bukowina hat wiederum eine separate Geschichte, da sie von 1775–1918 zum Habsburgerreich gehörte.

IAŞI

[125 D3] **Altertümlichen, patriarchalischen Charme und gediegenes Geistesleben atmet die Universitätsstadt (347 000 Ew.) nahe der östlichen Landesgrenze.** Die Uhren ticken hier langsam, Hektik ist unbekannt. Die wichtigsten Dichter und Denker, die im 19. Jh. Rumäniens Literatur erneuerten, hatten hier ihre Debattierclubs, darunter auch Nationaldichter Mihai Eminescu.

Iași war auch ein bedeutendes Zentrum jüdischer Kultur mit 108 Bethäusern, dem die Nationalsozialisten ein Ende machten. 1941 war Iași Schauplatz des schlimmsten Pogroms Rumäniens: Deutsche und rumänische Soldaten trieben Tausende Juden im Hof der Polizeipräfektur zusammen und schossen in die Menge. Heute gehören zum geistigen und geografischen Zentrum das Studentenviertel am Copou-Hügel und die vielen Kirchen.

Gleich vier Museen passen in den gigantischen neogotischen Kulturpalast von Iași

SEHENSWERTES

COPOU-HÜGEL

Einmal sollten Sie diesen Hügel auf dem Copou-Boulevard hinaufspazieren, um das richtige Gefühl für die gediegene Atmosphäre der Stadt zu bekommen. Es geht vorbei an der neoklassizistischen Universität, benannt nach Fürst Alexandru Ioan Cuza, an Parks, Studentenclubs und Literaturmuseen.

DOSOFTEI-HAUS

Eindrucksvoll in seiner Schlichtheit ist der Profanbau des 17. Jhs. aus nackten Ziegeln mit Arkadengang. In dem Haus im Zentrum hatte Metropolit Dosoftei seine Druckerei, in der er die erste Kirchenliturgie in rumänischer Sprache drucken ließ. Heute ist das Haus ein Museum für alte moldauische Literatur. *Di–So 10–17 Uhr | Piața Unirii*

GROSSE SYNAGOGE (SINAGOGA MARE)

Das Gebäude von 1671 gilt als eine der schönsten Synagogen ganz Rumäniens. Aber es verstört den Betrachter von außen durch seine merkwürdigen Proportionen. Auf relativ niedrigen Mauern liegt eine geradezu überdimensionale Dachkuppel. Der Innenraum der Großen Synagoge ist reich in leuchtendem Rot und Goldgelb sowie mit vergoldeten Holzschnitzereien dekoriert. *Str. Sinagogilor 7*

KIRCHE DER DREI HIERARCHEN (BISERICA TREI IERARHI) ★
Einzigartig an der imposanten Kirche sind die mit steinernen Reliefs verzierten Außenmauern und die beeindruckenden Portale mit gotischen Türrahmen. Das Wahrzeichen der Stadt war früher außen ganz mit Gold verkleidet. Neben der Kirche steht der so genannte Gotische Saal. Früher ein Refektorium, beherbergt er heute als Museum wertvolle Kirchenschätze. *Di–So 9–17 Uhr | Bd. Ştefan cel Mare*

KLOSTER CETĂŢUIA
Das Festungskloster (17. Jh.) wurde von Fürst Gheorghe Duca gestiftet. In der Kirche sind wertvolle Fresken zu sehen. Das Kloster liegt am südlichen Stadtrand auf dem Miroslava-Hügel.

KLOSTER GALATA
Vom 1584 gebauten Kloster, das Fürst Petru Schiopul („der Hinkende") gestiftet hat, sind nur noch Ruinen der Mönchszellen und ein türkisches Bad übrig. Die Klosterkirche wurde 1847 wieder aufgebaut. Im Zweiten Weltkrieg diente das Kloster als Internierungslager für Kriegsgefangene beider Seiten. Die Rumänen nutzten es erst als Verbündete der Deutschen, ab 1944 als Alliierte der Sowjets. Die Gefangenen ritzten ihre Namen, heute noch sichtbar, in die Klostermauern. Insider Tipp

KULTURPALAST (PALATUL CULTURII)
Der gigantische neugotische Palast von 1907 ist der ganze Stolz der Bewohner von Iaşi und beherbergt gleich vier Museen: je eines für Kunst, Geschichte, Technik und Volkskunde. *Di–So 10–17 Uhr | Piaţa Ştefan cel Mare şi Sfânt*

METROPOLITEN-KATHEDRALE (CATEDRALA MITROPOLITANĂ)
Das Bauwerk aus dem 19. Jh. ist untypisch groß und hell, anders als die

MARCO POLO HIGHLIGHTS

★ Agapia
Hinter Klostermauern weben Nonnen schöne Teppiche für Touristen (Seite 76)

★ Kirche der Drei Hierarchen
Gotik in vollendeter Form in Iaşi (Seite 75)

★ Bicaz-Klamm
Beängstigend und faszinierend zugleich: die extrem enge Gebirgsklamm (Seite 77)

★ Humor
Von fern unscheinbar, aus der Nähe die reichsten Fresken der Region (Seite 80)

★ Putna
Dem Himmel sei Dank: Mit dieser Klosterstiftung feierte Fürst Stefan der Große seinen ersten Sieg über die Türken (Seite 80)

★ Suceviţa
Gefährliche Künste: Der Klosterfassade fehlt ein Teil der Außenfresken, weil der Maler im 16. Jh. vom Gerüst gestürzt sein soll (Seite 80)

★ Voroneţ
Die leuchtend blaue Wandfarbe begeistert noch immer Kunstfreunde in aller Welt (Seite 81)

sonst kleinen und intimen orthodoxen Kirchen. Die wertvollen Innenfresken malte der rumänische Meister Gheorghe Tătărascu. Mitte Oktober treffen sich hier Tausende Gläubige zur Feier der Heiligen Paraschiva. *Bd. Ştefan cel Mare*

ESSEN & TRINKEN

BOLTA RECE
Insider Tipp

Die Pflichtstation für jeden Fremden in Iaşi! Das rustikale Traditionshaus aus dem 18. Jh. hat einen 9 m tiefen Weinkeller mit köstlichen Tropfen. Dazu gibt es moldauische Speisen. *Str. Rece 10 | Tel. 0232/21 22 55* | €€

CASA LAVRIC ▶▶
Insider Tipp

Im nostalgischen Ambiente der 1950er-Jahre mit Fotos, Telefonen und Schreibmaschinen jener Zeit verbringen Sie genussvolle Abende bei deftigen moldauischen Gerichten, wie geräuchertem Schaffleisch mit *burduf*-Käse und *mămăligă*. Chefin ist die in Rumänien bekannte Volksmusiksängerin Laura Lavric. Auf entsprechende Unterhaltung aber dürfen Sie nicht hoffen: In ihrem Lokal singt Laura nicht. *Str. Sf. Anastasie 21 | Tel. 0232/22 99 60* | €€

ÜBERNACHTEN

MOLDOVA
Der modernisierte Neubau bietet akzeptablen Komfort zu moderaten Preisen. *144 Zi. | Str. Anastasie Panu 31 | Tel. 0232/21 96 21 | Fax 21 96 21 | www.unita-turism.ro* | €€

HOTEL TRAIAN
Das schicke, gediegene Etablissement im Zentrum stammt aus der Gründerzeit. *68 Zi. | Piaţa Unirii 1 | Tel. 0232/26 66 66 | Fax 21 21 87 www.grandhoteltraian.ro* | €€€

AUSKUNFT

TOURISTEN-INFORMATIONSZENTRUM
Piaţa Unirii 12 | Tel. 0232/26 19 90 | www.turism-iasi.ro

ZIELE IN DER UMGEBUNG

AGAPIA ★ [124 B3]
Der blühende Nonnenklosterkomplex am Fluss Toplita besteht aus zwei

> DIE ORTHODOXIE
Kleine Häuser für den lieben Gott

Orthodox bedeutet wörtlich „rechtgläubig". Die orthodoxen Christen haben ein emotional-sinnliches Verhältnis zu ihrem Gott. Sie suchen körperlichen Kontakt zu allem, was heilig ist. Die Kirchen sind eher klein, sodass man die Heiligenbilder an den Wänden berühren kann. Orthodoxe Kirchen sind in vier Bereiche gegliedert. Unter der Veranda vor dem Eingangsportal oder abseits im Hof stehen offene Kerzenhäuschen – je eines für die Toten und für die Lebenden. Der erste Kirchenraum ist der *Pronaos* mit den Gräbern der Kirchenstifter, Fürsten und Geistlichen, außerdem sind dort Verkaufsstellen für Kerzen sowie Tische für Speisen, die gesegnet werden sollen. Im nächsten Raum, dem *Naos*, finden die geistlichen Handlungen statt. Hier stehen auch die wichtigsten Ikonen. Letzter Raum ist der Altar hinter der Ikonostase, den Frauen nicht betreten dürfen.

Der „Olymp der Moldau“ im Ceahlău-Massiv bietet Wanderern paradiesische Verhältnisse

Klöstern: *Agapia din Deal* („vom Berg“) aus dem 16. Jh. und *Agapia din Vale* („aus dem Tal“) aus dem 17. Jh. Das Talkloster besitzt eine wertvolle Ikonensammlung, die Innenfresken der Kirche schuf der rumänische Meister Nicolae Grigorescu. Die insgesamt 400 Nonnen treiben Landwirtschaft und weben bunte Teppiche für Touristen. *96 km westl.*

BICAZ-KLAMM ★ **[124 B4]**
Ein atemberaubendes Spektakel bietet diese extrem enge Passstraße nahe dem gleichnamigen Städtchen. Die 10 km lange Klamm, im Volksmund auch „Höllenschlund“ genannt, ist umschlossen von mehr als 100 m hohen Felswänden, stellenweise nachtdunkel und gerade einmal 6 m breit. Sportkletterer haben diese Wände bereits entdeckt. Auf der Strecke bieten Verkäufer Kunsthandwerk an. In der Nähe liegt der 30 km lange Bicaz-Stausee. An seinem Westufer im Hafen *Port Munteanu* kann man Boote mieten. *110 km südwestl.*

CEAHLĂU-MASSIV **[124 B4]**
Herrliche Möglichkeiten zum Wintersport und Wandern bietet der 1907 m hohe „Olymp der Moldau“ westlich des Bicaz-Stausees. Den zerklüfteten Felsen umkränzt Wald an seinem Fuß. *105 km westl.*

LACUL ROȘU **[124 B4]**
Der spektakuläre „Rote See“ verdankt seinen Namen einer Naturkatastrophe. 1838 stürzte durch einen Erdrutsch ein bewachsener Steilhang in den eher seichten See. Die Baumstümpfe, die aus dem Wasser ragen, verleihen dem Ganzen eine schauerliche Atmosphäre. Dazu passt das Gerücht, dass der Erdrutsch Wanderer mitgerissen haben soll, die den See mit ihrem Blut rot färbten. Das Gebiet zieht Wanderer und Wintersportler an. *120 km südwestl.*

NEAMȚ [124 B3]
Die Keramikverzierungen an der Außenfassade machen dieses Gotteshaus einzigartig. Es ist das älteste und größte Kloster der Moldau (14. Jh.). Umschlossen von Festungsmauern, war es auch als Zufluchtsort für die Bevölkerung gedacht. Früher war Neamț ein blühendes Zentrum zur Anfertigung von Schriften, Miniaturen, Stickereien, Silberschmiedearbeiten und Ikonenmalerei. Zeugnisse davon birgt das Klostermuseum. Heute wohnen rund hundert Mönche im Kloster. Man wird jederzeit hereingelassen. *100 km westl.*

PIATRA NEAMȚ [124 B4]
Sehenswert ist die Kleinstadt (126000 Ew.) vor allem wegen ihrer Lage in einem tiefen Tal, von nackten Felswänden umgeben, wie hineingeworfen. Vom alten Fürstenhof sind nur noch Ruinen vorhanden. Die Kirche *Sfântu Ioan* stammt aus dem 15. Jh. Berühmt in Rumänien ist die Theatertruppe aus Piatra Neamț. Jedes Jahr Ende Mai findet hier ein internationales Theaterfestival statt. *100 km südwestl.*

SUCEAVA

[124 B2] **Hier hatte der legendäre Fürst Stefan der Große seine Hauptresidenz. Ganze 40 Kirchen besaß Suceava damals.**
Die Hauptstadt der Bukowina (110000 Ew.) liegt idyllisch in den Hügeln. Sie ist idealer Ausgangspunkt für Ausflüge zu den spektakulärsten Bukowina-Klöstern, zumal sie auch einen Flughafen hat.

SEHENSWERTES

FÜRSTENBURG (CETATEA DE SCAUN)
Nur malerische Ruinen auf einem grünen Hügel sind geblieben von der Festung aus dem 14. Jh. Drei mannshohe Wehrmauern stehen feierlich und einsam in der Landschaft. Die moldauischen Fürsten ließen die Festung immer wieder erweitern und

Noch etwa 100 Mönche leben in Neamț, dem ältesten Kloster der Moldau

verstärken. Zum Stolz der Rumänen hielt sie 1476 den Truppen des türkischen Sultans Mehmed der Eroberer stand. *Tgl. 7–18 Uhr | Parcul Cetății*

KLOSTER SFÂNTUL IOAN CEL NOU

Ein kostbarer Schrein mit den Reliquien des Johannes Novus, Schutzpatron der Bukowina, zieht die Blicke auf sich. Prachtstück ist der Verschluss aus vergoldetem Silber, auf dem das Martyrium des Heiligen dargestellt ist. Das Kloster aus dem 16. Jh. ist Sitz des Metropoliten und des Erzbischofs. Die Außenfresken der Kirche sind etwas verblasst. *Str. Ioan Vodă 2*

MIRĂUȚI-KIRCHE

Bemerkenswert untypisch, eher wie ein Märchenschloss, wirkt diese Kirche von außen. Als habe ein Kind Bauklötze nebeneinander gestellt, verschachteln sich die Gebäudeteile, werden gekrönt von mehreren spitzen Dächern mit bunt emaillierten Ziegeln. Man tritt durch ein schweres Rundgewölbe ein und findet sich in einem prachtvollen Dekor mit einer farbenfrohen Ikonostase wieder. Mirăuți war die Krönungskirche aller moldauischen Fürsten. 1390 wurde sie von Fürst Petru Mușat gestiftet und im 17. Jh. nachgebaut. *Str. Mirăuți*

ESSEN & TRINKEN ÜBERNACHTUNGEN

CLASSIC

Gegenüber der Universität liegt das kleine, feine Hotel. Das Restaurant bietet internationale Küche. *42 Zi. | Str. Universității 32 | Tel./Fax 0230/51 00 00 | www.classic.ro | €€*

CONTINENTAL

Das moderne, große Neubauhotel mit Restaurant ist eines des wenigen am Ort. *96 Zi. | Str. Mihai Viteazul 4–6 | Tel. 0230/21 09 44 | Fax 22 75 89 | www.continentalhotels.ro | €€€*

ZIELE IN DER UMGEBUNG

DRAGOMIRNA **[124 B2]**

Idylle und Strenge vereint diese Klosteranlage von 1609 auf einer grünen Wiese. Die ganz untypisch

>LOW BUDGET

- In Iași kommt man gratis drahtlos ins Internet im *Club RS | Str. Fatu 2a.* Das Bistro liegt im Studentenviertel nahe der zentralen Bibliothek und lockt außerdem mit mexikanischer, griechischer und lokaler Küche zu akzeptablen Preisen.
- In der Klosterregion nächtigen Touristen am günstigsten direkt bei den Mönchen oder Nonnen. Viele orthodoxe Klöster nehmen traditionell Wanderer auf. Sie bekommen Kost und Logis gratis. Allerdings wird erwartet, dass der Gast dem Kloster eine Summe spendet. Feste Tarife für Übernachtungen *(€)* haben dagegen die Klöster Varatec, Sihastria, Secu und Agapia – sie bieten einfache Schlafgelegenheiten in Mehrbettzimmern. Komfortablere Gästezimmer mit eigenem Bad gibt es in den Klöstern Dragomirna und Putna *(buchbar über www.karpatenferien.de)*. Verköstigung wird dort je nach orthodoxem Fastenkalender geboten. Der Gast hinterlässt einen guten Eindruck, wenn er beim Gottesdienst vorbeischaut.

schlanke und hohe Kirche ist umgeben von einem quadratisch angeordneten Trakt mit den Zellen der Nonnen und von außen durch hohe Mauern befestigt. In der Schatzkammer sind kostbare Handschriften, Ikonen und Miniaturen, zum Teil Werke des Klostergründers Anastasie Crimca zu betrachten. *12 km nördl.*

Aktives Mönchsleben in den Klöstern

HUMOR ★ **[124 B2–3]**

Aus der Ferne wirkt diese Klosterkirche aus dem Jahr 1530 eher unscheinbar, wie hingetupft in die Landschaft. Doch aus der Nähe leuchten plötzlich ihre Außenfresken mit ungewöhnlich dominierenden Rottönen auf. Die Innenfresken sind die ältesten und reichsten in der Region. *40 km westl.*

MOLDOVIȚA **[124 A2]**

Charakteristisch für das befestigte Kloster (1532) ist die dominante gelbe Farbe auf den Fresken. Die Motive entsprechen wie in Humor einem Kanon: Außen ist die Belagerung Konstantinopels, im Eingangsportal das Jüngste Gericht dargestellt. Im Altarraum ist das Bildnis des Stifters, Fürst Petru Rareş, zu sehen. Sein kunstvoll geschnitzter Thron steht im Klostermuseum *(tgl. 10–18 Uhr)*, zusammen mit kostbaren alten Manuskripten, Stickereien und dekorativer Keramik. *75 km westl.*

PUTNA ★ **[124 A2]**

Dies ist das legendäre Kloster, das Fürst Stefan der Große 1466 nach seinem ersten Sieg über die Türken bauen ließ. Es wird erzählt, er habe sich nach der gewonnenen Schlacht auf einen Hügel gestellt und einen Pfeil abgeschossen. Dessen Landepunkt wurde der Baugrund für das Kloster Putna, das sich in eine kleine Senke kuschelt, umgeben von Tannenhainen. Hier wurde Stefan auch begraben.

Die Klosterkirche besitzt ausschließlich Innenfresken. Bemerkenswert sind auch die kunstvoll mit Goldfäden bestickten Vorhänge, die die Öffnungen der Ikonostase bedecken. Außen am Gebäude signalisieren barocke Arkaden die Spuren des Katholizismus, den die Habsburger dem Kloster im 16. und 17. Jh. aufgezwungen haben. Heute leben in Putna etwa noch 60 Mönche. Sie treiben Landwirtschaft und malen Ikonen. Im *Klostermuseum (tgl. 10–16 Uhr)* gibt es Miniaturen, alte Bibeln, Stickereien und Gewänder zu sehen. *66 km nordwestl.*

SUCEVIȚA ★ **[124 A–B2]**

Kurios ist an dieser Klosterkirche, dass die westliche Außenfassade keine Fresken trägt. Der Sage nach soll der Maler während der Arbeit vom Gerüst hinab in den Tod gestürzt sein. Und kciner seiner Gesellen soll gewagt haben, des Meisters Werk zu vollenden.

Sucevița (1581) gilt gemeinhin als das „Testament" der moldauischen sakralen Baukunst: Es ist das letzte Kloster, das während der Regierungszeit Fürst Stefans gebaut wurde. Bei seinen Außenfresken dominieren die Farben Grün und Rot. Im *Klostermuseum (tgl. 8–20 Uhr)* gibt es unter anderem eine goldene Kapsel mit einem Haarbüschel des Stifters Ieremia Movila zu bewundern sowie seinen bestickten Sargdeckel. *56 km westl.*

VORONEȚ ★ [124 B3]

Mit den prächtigsten Fresken der Bukowina hat dieses Kloster die Kunstgeschichte geprägt. Die blaue Farbe der Außenfresken ist als Voronețblau ein Begriff in der internationalen Fachsprache geworden, ähnlich dem Tizianrot. Auch die anderen Farben sind hier am intensivsten. Daher gilt Voroneț, ebenfalls eine Stiftung von Stefan dem Großen, als „Sixtinische Kapelle des Ostens". Gebaut wurde die Kirche 1488, die Fresken stammen von 1547. Das Fresko an der Westseite, eine Darstellung des Jüngsten Gerichts, war zur Zeit seiner Entstehung durchaus auch ein politisches Propagandawerk. Denn die Sünder in der Hölle sind als Türken dargestellt, darunter sogar Mohammed, der Prophet des Islam. Fürst Stefan und sein Sohn Petru Rareș verstanden sich als Verteidiger der Christenheit und zeigten dies, wo sie nur konnten. *40 km südwestl.*

Szenen aus dem Leben Christi am Nonnenkloster Moldovița

> IM REICH DES PELIKANS

Wo die Donau in das Schwarze Meer mündet, bietet Rumänien seinen Besuchern viel: Sonne, Wasser, Tiere und grandiose Naturerlebnisse

> Sonne, Wellen, Strand und eine atemberaubende Natur sind die Attraktionen der 245 km langen Schwarzmeerküste Rumäniens. Im Süden liegt das quirlige Badegebiet, im Norden das Naturparadies Donaudelta.

Die Rumänen haben die Küste jahrhundertelang eher gemieden. Denn das Meer bedeutete Gefahr. Von hier kamen die Feinde und Eroberer. Griechische und römische Kaufleute besiedelten die Küste vom 5. Jh. an. Ihre Spuren sind auf Ruinenfeldern zwischen Constanţa und der bulgarischen Grenze zu sehen. Später nahmen Byzantiner, Genueser, Slawen, Türken und Tataren die Küste in Besitz, während die Rumänen sich ins Landesinnere zurückzogen. Im 17. Jh. wanderten Russen ein. Sie nennen sich *lipoveni* und haben bis heute ihre eigene Kultur bewahrt.

An der Ferienküste, die sich von der Hafenstadt Constanţa rund 50 km

Bild: Fischer im Donaudelta

SCHWARZES MEER & DONAUDELTA

nach Süden erstreckt, verbringen die meisten Rumänen ihren Badeurlaub in kleinen Kurorten – nicht jedermanns Sache, denn der Service lässt zu wünschen übrig. An den Stränden herrscht dauernde Musikbeschallung, die bis weit aufs Meer hinaus dringt. Junge Leute wissen die Dauerpartys am Meer allerdings zu schätzen. Ihre Hochburgen sind *Costineşti* sowie die Dörfer *Vama Veche* und *Doi Mai* an der bulgarischen Grenze.

Das Donaudelta hingegen ist Mekka der Naturfreunde und Abenteuerurlauber. Träge ergießt sich der große Fluss nach seinem 2840 km langen Lauf ins Schwarze Meer. Seit 2005 gibt es zwar immer wieder Fälle von Vogelgrippe, doch zur Panik besteht kein Grund, Sie sollten im Delta nur kein Geflügel essen.

Bei Tulcea teilt sich der Fluss in die drei Hauptarme: *Chilia* im Norden, *Sulina* in der Mitte und *Sfântu*

Gheorghe im Süden. Dazwischen liegt ein Labyrinth aus Kanälen, Seen, Sümpfen, Schilfdickicht und Wäldern. 80 Prozent des gesamten Deltagebiets von 4500 km^2 bestehen aus Wasser. Auf ca. 100 000 schwimmenden Schilfinseln hausen die europaweit einzigen Pelikane, außerdem Wildschweine, Füchse, Bisamratten, Reiher und Kormorane. Insgesamt sind es 1688 Pflanzen- und 3864 Tierarten, davon rund 300 Vogel- und 160 Fischsorten. Mit ihnen teilen sich gerade mal 14 500 Menschen dieses Paradies. Sie leben vom Fischfang und von der Schilfernte und wohnen verstreut in Dörfern entlang der Kanäle oder auf Inseln mitten im Sumpf.

Eine Seeschwalbe im Delta

Der begradigte Donauarm Sulina ist die wichtigste Verkehrsader, Chilia und Sfântu Gheorghe haben für große Schiffe zu viele Windungen. Für Touren ins Delta reist man am besten zunächst nach Tulcea und wendet sich gleich an die Verwaltung des Biosphärenreservats *(ARBDD)* direkt am Hafen. Dort gibt es Angel-Genehmigungen und Informationen über die jahreszeitlich wechselnden Naturschutzzonen sowie die zulässigen Motor- oder Ruderboote. Wo seltene Vögel brüten, ist der Zugang ganz gesperrt. Am Hafen kann man Boote samt Fahrer wie Taxis mieten. Ab Tulcea fahren regelmäßig Linienschnellboote zu den wichtigsten Orten im Delta, bisweilen aber nur ein- oder zweimal pro Tag. Fast alle Hotels im Delta organisieren Touren. Ausflüge ohne ortskundige Begleitung können gefährlich werden, denn die Landschaft verändert sich wegen der schwimmenden Inseln ständig. Außerdem wissen die Begleiter, wo und wann man die Tiere beobachten kann. Unbedingt mitnehmen sollten Sie Insektenschutzmittel.

CONSTANȚA

[129 E4] **Die größte Hafenstadt des Landes (347 000 Ew.), in der auch die meisten Strandurlauber mit dem Flugzeug landen, hat viele triste Mietskasernen der 1960er- und 1970er-Jahre.** Allenfalls die kleine Altstadt, die sich an die Promenade am touristischen Hafen schmiegt, atmet einen Hauch von mediterranem Flair. Wer das Meer sofort sehen möchte, macht einen Spaziergang zum Kai mit seinem alten Leuchtturm und dem Kasino. Sehenswert ist das römische Mosaik, das erst Mitte des 20. Jhs. ausgegraben wurde.

SEHENSWERTES

GENUESER LEUCHTTURM (FARUL GENOVEZ)

Den 8 m hohen Turm errichteten Genueser Baumeister im 14. Jh. Während der Türkenkriege verfiel er, bis man ihn 1858 wieder aufbaute. Heute dient er als Leuchtturm. *Str. R. Opreanu*

GRIECHISCHES RUINENFELD

Direkt am Meer, ein paar Schritte westlich des Kasinos, liegen die Fundamentreste einer griechischen Siedlung aus dem 4. und 6. Jh. *Bd. Carpaţi*

KASINO (CAZINO) ★

Das Gründerzeitkasino an der Hafenpromenade ist das Wahrzeichen von Constanţa. Erbaut wurde es 1909 in französischem Neobarockstil vom rumänischen Architekten Daniel Renard. 1985 wurde es restauriert. Das Haus ist vorübergehend geschlossen.

MACHMUDIJA-MOSCHEE

Das 50 m hohe Minarett bietet einen guten Blick auf die Stadt, hinauf führen allerdings 140 Stufen. Rumänische Architekten bauten die Moschee in ägyptisch-byzantinischem Stil. Das prächtige Tor ist aus schwarzem italienischem Marmor. *Str. Arhiepiscopiei, südl. der Piaţa Ovidiu*

Zukunft ungewiss: Constanţas Kasino in seiner Jugendstilpracht

MUSEUM FÜR GESCHICHTE UND ARCHÄOLOGIE (MUZEUL NAŢIONAL DE ISTORIE ŞI ARHEOLOGIE)

Glanzstück ist das ★ Römische Mosaik aus dem 3. Jh., das hier 1959 entdeckt wurde. Mit 700 m^2 ist es das größte seiner Art. Darüber steht zum Schutz eine Glas-Stahl-Konstruktion, Besucher gehen auf Stegen um

MARCO POLO HIGHLIGHTS

★ Römisches Mosaik
Kunstvoller Bodenbelag der alten Römer in Constanţa (Seite 85)

★ Istria
Griechische Ruinen am Lagunensee (Seite 87)

★ Caraorman
Abenteuerlicher Dschungelwald im Delta (Seite 91)

★ Kasino
Der ehemalige Spielertempel von Constanţa ist zur Zeit von außen zu bewundern (Seite 85)

★ Jurilovca
In dem malerischen Dorf direkt an der Donaumündung leben die *lipoveni* noch genauso wie vor 300 Jahren, als sie aus Russland hierher kamen (Seite 92)

den wertvollen Belag herum. *Sommer tgl. 9–20, Winter Di–So 10–18 Uhr | Piața Ovidiu*

OVID-STATUE

Der römische Dichter Ovid lebte unfreiwillig und unglücklich in Constanța, wohin ihn Kaiser Augustus aus politischen Gründen verbannt hatte. Hier schrieb er die Klagelieder „Tristia" und die sehnsüchtigen „Briefe aus dem Pontus". Seine Bronzestatue wirkt nicht minder traurig, blickt sie doch auf lauter hässliche Mietskasernen. *Piața Ovidiu*

RÖMISCHE STADTMAUER

Ruinen einer Mauer aus dem 3. Jh. und eines Turms (6. Jh.) zeugen im Victoriapark nördlich der Altstadt von römischer Besiedlung. *Zugänge Bd. Ferdinand/Bd. Tomis*

SEEFAHRTMUSEUM (MUZEUL MARINEI ROMÂNE)

Alte Navigationsinstrumente, Uniformen, Schiffsmodelle, Gemälde, alte Anker und Hafengerätschaften illustrieren die Geschichte der rumänischen Seefahrt. *Tgl. 10–18 Uhr | Str. Traian 53*

VOLKSKUNSTMUSEUM (MUZEUL DE ARTĂ POPULARĂ)

Interessant ist das Gebäude: Maurischer Stil mischt sich mit altrumänischen Elementen. Ausgestellt ist Volkskunst: Trachten, Keramik, Teppiche. *Tgl. 9–12 Uhr | Bd. Tomis 32*

ESSEN & TRINKEN

CASA TOMIS

Hier isst man anspruchslose rumänische Gerichte, freut sich aber am Blick auf den Yachthafen. *Str. Remus Opreanu 8 | Tel. 0241/61 94 86* | €

CRAZY

Beliebtes Lokal in der Nähe des Strandes *Plaja Modern*. Wie in fast allen Restaurants in Constanța gibt es hier Gerichte mit frischem Fisch. *Bd. Mircea cel Batrân 97 A | Tel. 0241/55 04 00* | €€

ÜBERNACHTEN

COMPLEX BULEVARD

Das moderne, komfortable Hotel mit Restaurant, Bar und Fitnesseinrichtungen liegt nahe dem Delphinarium, an der Ausfahrt Richtung Mamaia, *55 Zi. | Boulevard Mamaia 294 | Tel. 0241/83 15 33 | Fax 83 16 06 | www.complexbulevard.ro* | €€–€€€

DALI

Die Pension an der *Plaja Modern* ist Stammquartier der Geschäftsleute. Es gibt Zimmer mit und ohne Meerblick. *15 Zi. | Str. Smârdan 6 A | Tel. 0241/61 97 17 | Fax 61 61 14 | www.hotel-dali.ro* | €€–€€€

TINERETULUI Insider Tipp

In dem bescheidenen, sauberen Haus steigen v.a. junge Leute ab. Es liegt zentral gegenüber einer Moschee. *72 Zi. | Bd. Tomis 20–26 | Tel. 0241/61 35 90 | Fax 61 12 90* | €

FREIZEIT & SPORT

STRAND

Die etwa 10 ha große *Plaja Modern* ist ein bisschen heruntergekommen. *Nördl. des Touristenhafens, parallel zum Boulevard Mihai Eminescu, Zugang am Ende der Str. Ștefan cel Mare*

In Eforie Nord können Sie in aller Ruhe die Schattenseiten des Strandlebens genießen

AM ABEND

CAFÉ D'ART

Die gemütliche Bierterrasse liegt nahe der Ovid-Statue. *Bd. Tomis 97 | geöffnet bis zum letzten Gast*

ZIELE IN DER UMGEBUNG

COSTINEȘTI [129 E5]

Der traditionelle Studentenbadeort ist voller Leben. Im Juli und August werden Film-, Theater- und Jazzfestivals veranstaltet. *30 km südl.*

EFORIE NORD [129 E5]

Der ruhige Kurort mit 4 km langem Strand hat zwar eintönige Plattenbauten, bietet aber eine Vielfalt von Kuranwendungen. Gut für die Gesundheit ist auch der nahe gelegene See *Techirghiol*, dessen Wasser um ein Vielfaches salziger ist als das Meer. *15 km südl.*

EFORIE SUD [129 E5]

Der älteste Badeort an der rumänischen Schwarzmeerküste verbucht seit 1892 Gäste zur Sommerfrische. Früher trug der Ort den Namen *Carmen Sylva*, das Pseudonym, unter dem Königin Elisabeth, Frau von König Carol I., ihre Gedichte veröffentlichte. Der Strand ist 1,5 km lang. *17 km südl.*

ISTRIA ★ [129 E4]

In dem Freilichtmuseum liegen die Ruinen der ältesten griechischen Siedlung an der rumänischen Schwarzmeerküste. Zu sehen sind Konturen der Befestigungsmauern der Burg *Histria*, Überreste von Handelsgebäuden und Tempeln, Thermen und Wohnhäusern. Bereits 675 v. Chr. siedelten griechische See- und Kaufleute in dieser Bucht am Istria-See, der dicht am Meer liegt. Ihr Hafen blühte 1000 Jahre lang, verlandete aber im 7. Jh. n. Chr. und wurde verlassen. Im *Museum* gleich neben den Ruinen sind antike Bauteile, Amphoren, Schmuck und Keramik zu sehen *(Mai–Sept. tgl. 9–20, Okt.–April 9–17 Uhr). 44 km nördl.*

Was von den Römern übrig blieb: antike Keramik im Museum von Istria

MAMAIA **[129 E4]**

Dies ist der traditionelle Badeort für den Familienurlaub. Die vernachlässigten Hotels und der Strand lassen allerdings etwas zu wünschen übrig. Von Constanța aus kommt man über eine neue Schwebebahn in den Ort und kann dabei das Meer von oben bewundern. Kinder kommen im *Aqua Magic* auf ihre Kosten, wo viele Rutschbahnen, Springbrunnen und mehrere Schwimmbecken locken. Das Paradies zum Planschen liegt direkt an der Ortseinfahrt von Constanța aus. Eine Kuriosität ist das Luxushotel *Iaki (100 Zi. | Tel. 0241/83 10 25 | Fax 83 11 69 | www.iaki.ro | €€–€€€)*. Insider Tipp. Besitzer ist Rumäniens Fußballlegende Gheorghe Hagi aus Constanța. In der Videobar laufen Hagis beste Fußballeinsätze. Zum Fischessen lädt der *Club Histria (Vergnügungspark am Binnensee | Tel. 0241/65 40 69 | €€)* ein. *4 km nördl.*

MANGALIA [129 E5]

In Mangalia geben sich Kulturen und Religionen ein Stelldichein. *Callatis* nannten die Griechen im 6. Jh. v. Chr. diese Siedlung an der Küste. Die antiken Burgruinen sind heute durch eine Glasplatte am Boden im Foyer des Hotels *President* *(65 Zi. | Str. Teilor 6 | Tel./Fax 0241/75 58 61 | www.hpresident.com | €€)* zu sehen. Die Luxusherberge wurde einfach auf die Ruinen gebaut.

Insider Tipp

Im *Archäologischen Museum (tgl. 8–18 Uhr | Şoseaua Constanţei 23)* sind Säulen, Sarkophage, Reliefs und Keramik aus der Römerzeit ausgestellt. Interessant sind auch der türkische Friedhof mit 400 Jahre alten Grabsteinen sowie die Moschee *Esma Han Sultan* von 1525. In der *Str. Izvor* steht eine frühchristliche Kirche aus dem 6. Jh., neben ihr sprudelt die Herkulesquelle *(Izvorul Hercules)* mit schwefelhaltigem Wasser. Mehrere Sanatorien locken mit Wellnessangeboten. *43 km südl.*

MURFATLAR [129 E4]

Das berühmteste und größte Weingut des Landes liegt im Dorf *Basarabi*. Hier werden aromatische und liebliche Dessertweine der Sorten Riesling, Muscat-Ottonel, Chardonnay und Cabernet Sauvignon produziert. Der *Chardonnay de Murfatlar* wurde 1972 Weltmeister. Weinproben gibt es für Gruppen ab 20 Personen. *18 km westl.*

NEPTUN [129 E5]

Dies ist seit mehr als einem halben Jahrhundert das Seebad der Politprominenz. Ceauşescu hatte hier ebenso seine streng bewachte Villa nebst abgeschirmtem Strand wie seine Nachfolger. Mit den Satellitenorten Olimp, Venus, Jupiter und Saturn – allesamt künstliche Hotelsiedlungen der 1970er-Jahre – ist dieser Komplex fast gänzlich auf Pauschaltourismus ausgerichtet. Es gibt hier aber viele Sportmöglichkeiten: Wasserski, Tennis, Minigolf und Kegelbahnen.

Zwischen Saturn und Venus kommen Fans von Rock und House im Juli auf ihre Kosten. Dort werden vom Verein *Liberty Parade* Open-Air-Partys am Strand mit rumänischen und internationalen DJs veranstaltet *(Termine bei der Hotelrezeption erfragen)*. Wer bis zum Morgengrauen durchhält, erlebt dazu noch einen traumhaften Sonnenaufgang über dem Meer. *35 km südl.*

Insider Tipp

Insider Tipp

VAMA VECHE ▶▶ [129 E5]

Insider Tipp

Hier machen viele junge Leute aus der Bukarester Künstler- und Literatenszene Urlaub. Auch Rucksacktouristen fühlen sich hier am wohlsten. In dem Dorf nahe der bulgarischen Grenze und im Nachbarort *Doi Mai* wird seit einem halben Jahrhundert am Strand gezeltet, und es gibt FKK-Abschnitte. Jedes Jahr findet dort das Rockfestival „Stufstock" statt, meist Ende August, Anfang September *(www.stufstock.com)*.

Heute dauern die Strandpartys mit Livemusik und Lagerfeuer den ganzen Sommer. Kleine Restaurants bieten gegrillten Fisch und rumänische Hausmannskost. Wer nicht zelten will, findet bei den Dorfbewohnern in Privatzimmern Unterkunft. Man klopft einfach ans Tor und fragt nach. Inzwischen gibt es auch vereinzelte Pensionen. *50 km südl.*

TULCEA

[129 E3] Dies ist das Tor zum Naturparadies Donaudelta. Die an sich eher unattraktive Hafenstadt (97 000 Ew.) blickt auf eine antike Vergangenheit zurück: Im 8. Jh. v. Chr. kamen die Griechen hierher und nannten die Stadt *Aegyssus*. Heute ist sie ein guter Ausgangspunkt für Ausflüge und Touren in das Donaudelta; von hier aus gibt es viele Schiffsverbindungen.

> LOW BUDGET

- Kostenlose Unterhaltung bieten in Mamaia die Ballett- und Operettenvorstellungen unter freiem Himmel vor dem Kasino. Während der Urlaubssaison tritt dort ab 21 Uhr das Ensemble des Stadttheaters Constanța auf *(Termine unter Tel. 0241/48 03 00 oder bei der Hotelrezeption).*
- Eine preiswerte Leckerei für alle, die nicht groß essen gehen wollen, aber auch kein Allerwelts-Fastfood mögen: *Schuberek* – mit Rindfleisch oder Käse gefüllte Teigtasche, die fliegende Händlern an fast allen Stränden anbieten.
- *Sfântu Gheorghe* liegt im Donaudelta, direkt an der Mündung des gleichnamigen Donauarms ins Meer. Es ist vom Tourismus bisher kaum berührt und daher sehr günstig. Sie übernachten bei Bauern in ihren malerischen Lipovener-Häusern *(Adressen unter www.sfantu-gheorghe.ro)*. Das Bad wird mit dem Rest der Familie geteilt, dafür genießen Sie aber menschenleere, jungfräuliche Strände. *Erreichbar per Schiff ab Tulcea*

ESSEN & TRINKEN ÜBERNACHTUNGEN

HOTEL DELTA

Das sanierte, komfortable Haus mit Restaurant *(€)* und Wellnesseinrichtungen steht direkt am Hafen und organisiert auch Tagestouren ins Delta mit zwei eigenen Schiffen. *115 Zi. | Str. Isaccei 2 | Tel. 0240/51 47 20 | Fax 51 62 60 | www.deltahotelro.com* | €€

SELECT

Dieses Hotel in einem vierstöckigen Neubau ist als eines der wenigen in Rumänien auch für Rollstuhlfahrer eingerichtet. Es liegt nicht weit vom Hafen entfernt, verfügt über ein Restaurant und Fitnesseinrichtungen und organisiert auch Deltatouren. *40 Zi. | Str. Păcii 6 | Tel./Fax 0240/50 61 80 | www.calypsosrl.ro* | €€

FREIZEIT & SPORT

Das Delta lässt sich auch sehr komfortabel per Kreuzfahrt erkunden. Das Unternehmen *Cronos* bietet mehrtägige luxuriöse Touren auf kleinen Hotelschiffen (max. 8 Pers.) ab Tulcea *(Tel. 0240/51 35 18, 53 29 60 | www.deltacronos.ro | €€€)*. *Miragetour* hat ein Hotelschiff mit 22 Plätzen und fährt ab einer Passagierzahl von acht *(Tel. 0788/59 21 43 | www.miragetour.ro | €€€)*

AUSKUNFT

AUTORITATEA REZERVAȚIEI BIOSFEREI DELTEI DUNĂRII (ARBDD)

Die Verwaltung des Donaudelta-Biosphärenreservats betreibt am Hafen ein Touristeninformationsbüro. *Str. Portului 34 a | Tel. 0240/51 89 24 | Fax 51 89 75 | www.ddbra.ro*

ZIELE IN DER UMGEBUNG

BABADAG [129 E3]

Das alte, türkisch besiedelte Dorf hat heute etwa 10000 Ew. Es liegt streng genommen nicht direkt im Delta, sondern am Fuß eines bewaldeten Bergrückens am Babadag-See, westlich des großen Razim-Sees. Sehenswert sind die große *Moschee* aus dem 14. Jh. *(Str. Geamiei 1)* und das *Museum für Orientalische Kunst (Muzeul de Artă Orientală | Di–So 9–16 Uhr | Casa Panaghia)* in einer früheren Koranschule. Gezeigt werden Exponate zur Geschichte der Türken; Prachtstücke sind türkische Teppiche aus dem 17. bis 19. Jh. Zum Übernachten gibt es in 4 km Entfernung den Campingplatz *Doi iepuraşi* („Zwei Hasen"). *36 km südl.*

CARAORMAN ★ [129 F3]

Der Dschungel Caraorman liegt etwa in der Mitte zwischen den Donauarmen Sulina und Sfântu Gheorghe. Interessant ist der gleichnamige wilde Eichenwald auf wandernden Sanddünen. Vorsicht: Der Wald ist ein Labyrinth, man kann sich verirren. Das türkische *karaorman* bedeutet „Schwarzer Wald". Schiffe hierher starten von Crişan aus. *70 km östl.*

Mit 4500 km^2 bietet das Domaudelta genug Platz für Reiher und rund 300 andere Vogelarten

CHILIA VECHE [129 F2]

Der älteste Ort im Delta ist ein nur zu Wasser erreichbares Fischerdorf am Chilia-Arm. Daran grenzt nördlich das Naturschutzdreieck Roscoa-Buhaiova-Hrecisca mit drei großen Seen. Hier nisten Pelikane, Silberreiher und Kormorane. *70 km nordöstl.*

CRIŞAN [129 F3]

Von diesem Dorf am Sulina-Arm, nur per Schiff erreichbar, startet man zu den Dschungelwäldern *Letea* und *Caraorman*. Hier gibt es ein Büro der *ARBDD (Di–Fr 10–16, Sa–So 10–14 Uhr | beim Hotel Lebăda)*. Quartier und Ausflüge in der Pension *Delia (60 Zi. | Restaurant | Crişan Nr. 50 | Tel./Fax 0240/54 70 18 | www.deltadelia.ro | €)*. *70 km östl.*

Insider Tipp **GURA PORTIŢEI** [129 E3]

Der mit Abstand spektakulärste und ruhigste Badeort an der rumänischen Schwarzmeerküste; hier hören Sie nachts nur den Wellenschlag. Auf der extrem schmalen Landzunge, die nur über Sandbänke und schwimmende Inseln mit den Festland verbunden ist, gibt es ein Feriendorf. Man muss unbedingt vorab buchen, spontane Besuche sind nicht möglich.

Erreichbar ist die Halbinsel mit dem Schiff ab Jurilovca. In dem Feriendorf *Eden (Sat de Vacanţa)* kann man Wasserski laufen, Boote mieten und begleitete Deltaausflüge buchen. Zelten, Lagerfeuer und FKK sind verboten. Es gibt 75 Zimmer mit Basiskomfort *(€€–€€€)* und 77 sehr einfache Holzhütten mit je zwei Betten und Gemeinschaftsduschen *(€)* *(Tel. 0724/21 42 24 | Fax 0723/13 51 35 | www.guraportitei.ro)*. *90 km südöstl.*

Ihre Vorfahren fischten am Don, die lipoveni seit 300 Jahren im Delta

JURILOVCA ★ [129 E3]

In dem Fischerdorf aus dem 18. Jh. leben die *lipoveni* in ihren pittoresken Häusern. Außen sind die Katen mit Holz vertäfelt, innen bunt bemalt. Hinter nahezu jedem Haus steht ein Dampfbad, das mit glühenden Steinen geheizt wird. Die altrussisch-orthodoxe Kirche in Jurilovka stammt aus dem Jahr 1871. Eines der Lipovener-Häuser ist als *Museum* eingerichtet *(Di–So 10–16 Uhr). 64 km südöstl.*

MILA 23 [129 F3]

Interessant in diesem Fischerdorf mitten im Sumpf nördlich des Sulina-Arms, das seinen Namen nach der 23. Flussmeile erhielt, ist die so genannte *cherhana*, die Sammelstelle für frisch gefangenen Fisch. Hier geben die Fischer aus der Umgebung ihre Beute ab und trinken anschließend in der Bar nebenan ein Glas auf ihren Fang. Der Ort ist ein guter Startpunkt für Touren zu den Pelikankolonien an den Seen *Matiţa, Leghianca Roşca* und zu den schwimmenden Inseln *Stipoc* und *Chilia. 40 km östl. | nur per Schiff ab Tulcea*

PERIPRAVA [129 F2] Insider Tipp

Auch dieser Ort am Chilia-Arm ist ein malerisches *lipoveni*-Dorf. Früher gab es hier ein berüchtigtes Straflager für politische Gefangene. Es brauchte kaum Zäune und Mauern, denn das Wasser schnitt jede Fluchtmöglichkeit ab. *100 km östl. | nur per Schiff ab Tulcea*

UZLINA [129 F3]

Dieser Ort am Sfântu-Gheorghe-Arm ist gänzlich von Wasser umgeben und beherbergt die wohl größte Wellnessoase im Donaudelta. Besucher erreichen ihn von Murighiol aus *(36 km südöstl. von Tulcea)* per Boot. Die Mitarbeiter des *Cormoran-Hotelkomplexes* auf Uzlina holen die Gäste aus Murighiol ab.

Es gibt insgesamt 100 Zimmer in Pension und Hotel, zehn Ferienhäuser sowie ein Restaurant. Sie können reiten, Fahrräder ausleihen und natürlich Bootstouren machen *(Tel. 0744/65 63 72 | Fax 0744/73 63 72 | www.cormoran.ro | €€). 60 km östl. | nur per Schiff*

> VOM DON AN DIE DONAU

Vor 300 Jahren flohen Russen ins Delta

Sie leben in Jurilovca, Sfântu Gheorghe oder Periprava, nennen sich *lipoveni* und sprechen russisch. Die Männer tragen sehr lange, sorgfältig gekämmte Bärte in der Tradition ihrer Vorfahren. Die flohen vor 300 Jahren vor dem russischen Zaren Peter dem Großen ins Donaudelta. Der Zar verfolgte sie, weil sie sich gegen seine prowestlichen, antikirchlichen Reformen stellten und an ihrem alt-orthodoxen Glauben festhalten wollten. Die etwa 30 000 Nachfahren der Flüchtlinge im Delta tun das bis heute in ihren knallbunt bemalten Holzkirchen. *Lipoveni* leitet sich ab von dem russischen Wort für Wald *lipa*. Dort nämlich versteckten sich die Verfolgten vor dem Zaren Peter, bis sie schließlich ins Delta flohen. Die meisten von ihnen waren Fischer am Don und fühlten sich an der Schwarzmeerküste gleich heimisch.

> AUF ENTDECKUNGSREISE IN EINEM LAND DER VIELFALT

Kulturelle Spurensuche zwischen Bergen und Tälern, Kirchenburgen und Holztürmen, stillen Dörfern und lieblichen Sachsenstädtchen

Die Touren sind auf dem hinteren Umschlag und im Reiseatlas grün markiert

1 KIRCHEN UND FOLKLORE IN DEN APUSENI

Diese Route führt von Oradea bis Satu Mare und beträgt etwa 180 km. Sie umfahren das Gebirge durch Wälder, Täler und stille Dörfer. Für die Tour sollten Sie 2–3 Tage einplanen.

Reisen Sie bei Borş aus Ungarn ein und fahren Sie ostwärts auf der Landstraße E 60. Die Stadt **Oradea** *(S. 34)* lohnt einen halben Tag Flanieren. Im Stadtzentrum um die Piaţa Unirii herum und an der Piaţa Republicii bietet sich eine bezaubernde Architekturlandschaft im Fin-de-Siècle-Stil. Insider Tipp

Folgen Sie der Landstraße nach Cluj weiter ostwärts. Bei Aleşd verlassen Sie sie und fahren nach Norden auf der Landstraße Richtung Zalău/Satu Mare. Die Straße schlängelt sich durch sanfte Gebirgslandschaft nach **Plopiş** und **Nuşfalău**. Dort

Bild: Stadtansicht von Valea Viilor (Wurmloch) mit Kirchenburg

AUSFLÜGE & TOUREN

macht sich der abendländische Einfluss an einer gotischen Kirche des 15. Jhs. und einem ungarischen Herrensitz bemerkbar. Nur 8 km weiter nördlich, im Städtchen **Şimleu Silvaniei** und Umgebung, scheinen sich Epochen und Stile ein Stelldichein gegeben zu haben. Ruinen einer von Türken und Tataren zerstörten Wehrburg des ungarischen Adelsgeschlechts Bathory aus dem Jahr 1532 gesellen sich zu einer gotischen römisch-katholischen Kirche aus gleicher Zeit. Jetzt bietet sich eine Ruhepause am **Stausee Crasna** an, 10 km weiter südlich. Ab dem Dorf Crasna sind Spaziergänge zur Berghütte Mezes oder um den See herum möglich. Im nahen Dorf **Meseşenii de Jos** steht eine gotische Kirche aus dem 16. Jh., und in **Meseşenii de Sus** gibt es Heilquellen.

Das Städtchen **Zalău** liegt zwar 12 km abseits der Route, Sie sollten es am nächsten Tag aber dennoch besuchen, denn von hier kann man einen sehr zu empfehlenden Abstecher nach **Buciumi** machen. Das Dorf ist berühmt für seine Folklore, speziell für den Bauernchor. Es liegt etwa 30 km südlich von Zalău. Am besten erleben Sie Trachten und Musik sonntags in der Kirche. Noch prächtiger sind die Trachten an kirchlichen Feiertagen wie Ostern oder Mariä Himmelfahrt am 15. August. In der zweiten Augusthälfte wird in Buciumi ein Dorffest mit Tanz und Chorgesang veranstaltet. Am Ende des Tages können Sie, zurück in Zalău, in einer der zwölf Pensionen übernachten, z.B. im *Hotel Meseș | Piața 1 Dec. 1918 11 | Tel./Fax 0260/66 10 50 | www.hotelmeses.ro | €€)*.

Von Zalău fahren Sie wieder zurück nach Șimleu Silvaniei und weiter nach Norden über Corund Richtung Satu Mare, wo die Tour endet. Unterwegs gibt es im Dorf **Sărmăsag** eine Holzkirche aus dem 16. Jh. zu bewundern und, mit etwas Glück, einen traditionellen Pferdemarkt zu erleben. Im Dorf **Corund** steht eine der schönsten Holzkirchen der Region: 1723 gebaut, mit gedrechselten Ornamenten, geschmückt mit Öl-auf-Leinwand-Malereien.

2 TRACHTEN UND BRAUCHTUM IN DER MARAMUREȘ

Diese Tour, die unmittelbar an die erste anschließt, bietet einige folkloristische Höhepunkte. Von Satu Mare bis Surdești geht es auf einer Strecke von 130 km gen Osten zwischen den Gebirgsmassiven Tibler und Gutii durch Dörfer, in denen die Bauern ihre traditionellen Trachten nicht nur auf Festen, sondern auch im Alltag tragen. Zeitbedarf: 1–2 Tage.

Ab **Satu Mare** fahren Sie auf der Landstraße 19 Richtung Nordosten. Erste Station ist **Săpânța**. Hier gibt es Folklore in geballter Form. Die Bauern verkaufen ihre Trachten, Teppiche und haarige Wolldecken. Bekannt sind vor allem die bestickten Frauenhemden. Jedes Jahr im Mai findet hier anlässlich des Almauftriebs ein Volksfest statt.

Das Besondere an der Architektur der Maramureș ist, dass sie fast völlig aus Holz gefertigt ist: Kirchen, Häuser, Zäune und – besonders auffällig – die Tore: Sie wirken mit den Schnitzereien fast wie Totempfähle, die von der Geschichte des Dorfes berichten. Die Freude am Erzählen, v.a. aber der Humor der Menschen, ist auf dem **„Lustigen Friedhof" (Cimitirul Vesel)** zu erleben, dessen Grabkreuze aus Holz in heiterem Blau bemalt sind *(S. 33)*.

Sie fahren 24 km weiter östlich entlang der rumänisch-ukrainischen Grenze nach **Sighetu Marmației** *(S. 33)*. Hier hat das Reich Habsburg düstere Spuren in Gestalt eines *Gefängnisses* hinterlassen, das man besichtigen kann *(Strada Corneliu Coposu nr. 4 | Di–So 10–17 Uhr)*. Ab Sighetu Marmației fahren Sie wenige Kilometer Richtung Süden nach **Vadul Izei**. Hier stehen die eindrucksvollsten Holztore der Maramureș, mit ihren charakteristischen Schnitzmotiven, darunter vor allem das stets wiederkehrende Sonnensymbol. Von hier aus bietet sich eine Rundfahrt an. Sie fahren über **Bârsana**, **Bogdanvodă** und **Săcel** nach **Moisei** mit einem Abstecher nach **Poienile Izei**.

Besonders bemerkenswert ist das Gotteshaus aus Holz von 1718 im Ort **Bogdanvodă** mit Innenmalereien in traditioneller Technik: Die Farbe ist auf Leinwand aufgetragen, die dann über die Holzwände gespannt wurde. Ab **Moisei** (Kloster mit Holzkirche) fahren Sie am besten über Vişeu de Sus westwärts zurück nach Vadul Izei. Von hier aus geht es zunächst gen Süden, Richtung Baia Mare, doch schon nach 8 km biegen Sie links ab und fahren bis in das 6 km entfernte **Ocna Şugatag** *(S. 32)*. Weil es hier Heilquellen gibt, bieten viele Pensionen Zimmer an, z. B. *Pensiunea Holiday | 20 Zi. | Str. Dumbravei 20 | Tel. 0262/37 44 05 | €)*.

Ab Ocna Şugatag schlängelt sich die Straße etwa 30 km durch das Tal weiter Richtung Süden. Hier finden Sie in **Surdeşti** *(S. 34)* die Kirche mit dem höchsten hölzernen Kirchturm Europas vor. Der Turm des Gotteshauses ragt 54 m in die Höhe, innen finden Sie schöne Malereien und kostbare Ikonen. Auf die Fernstraße Baia Mare–Sighetu Marmaţiei gelangen Sie wieder weiter westlich von Surdeşti.

3 KIRCHENBURGEN, DRACULA UND SIEBENBÜRGER SACHSEN

In Siebenbürgen sollen die literarischen Vorbilder für Graf Dracula, Vlad Dracul und sein grausamer Sohn Vlad Ţepeş, im 15. Jh. gelebt haben. Realere Spuren aber haben die Siebenbürger Sachsen mit ihren jetzt vom Verfall bedrohten Kirchenburgen hinterlassen. Die Fahrt ab Braşov über Sibiu und Sighişoara ist rund 350 km lang, mit Abstechern etwa weitere 70 km, und dauert 3 Tage.

Hauptsache Holz: typisches Tor vor einem Bauernhaus in der Maramureş

Startpunkt ist **Braşov** *(S. 44)*, von den Siebenbürger Sachsen Kronstadt genannt. Zuerst geht es nach **Bran** *(S. 48)*, 20 km südwestlich von Braşov. Das Schloss des 14. Jhs. hatten die Sachsen gebaut und wenig später schon an die Herrscher der Walachei verloren. Fürst Vlad Ţepeş hielt sich dort auf der Durchreise immer wieder auf. Unbedingt zu empfehlen ist ein zweiter Abstecher zur **Kirchenburg Tartlau**, die als das beeindruckendste Exemplar dieser Art gilt. Der Ort heißt offiziell **Prejmer** *(S. 49)*. Fahren Sie ab Braşov 16 km Richtung Sfîntu Gheorghe/Întorsura Buzăului.

Schässburg: In Draculas angeblichem Geburtshaus können Sie heute speisen

Die Kreuzkirche innerhalb der Burg von Tartlau geht auf einen deutschen Ritterorden zurück. Die runde Wehrmauer mit ihren Wehrtürmen und Schießscharten ist etwas Besonderes: In ihrem Inneren sind auf vier Geschossen ganze 250 Kammern untergebracht, zum Wohnen und zum Horten von Nahrungsmitteln für den Fall einer Belagerung. Eine der Burgkammern war im Mittelalter für die Regelung von Partnerschaftsproblemen vorgesehen: Dort wurden zerstrittene Ehepaare so lange eingesperrt, bis sie sich wieder versöhnten. Dies zeigt nicht nur die damalige Sittenstrenge der Siebenbürger Sachsen, sondern auch einen Teil ihres sehr detailliert organisierten Sozialsystems.

Zurück in Braşov, beginnt die eigentliche Rundfahrt. Eine gut ausgebaute Serpentinenstraße führt nach Westen Richtung **Sibiu (Hermannstadt)** *(S. 52)*. In **Făgăraş** steht mitten im Ort die Schlossburg Fogarasch aus dem 15. und 17. Jh. Sie beherbergt ein Museum und eine Gaststätte.

Von Hermannstadt aus starten Sie zur Umrundung Siebenbürgens bis nach **Sighişoara (Schässburg)** *(S. 57)*. Sie fahren nach Norden auf der Landstraße Richtung **Mediaş** *(S. 57)*. Jetzt befinden sie sich mitten im „Alten Land". So bezeichnen die Siebenbürger Sachsen die Senke zwischen dem nördlichen Rand der Südkarpaten und dem Beginn des Hochlandes. Hier haben sie im 12. Jh. die ersten Orte gegründet.

In **Slimnic (Stolzenburg)** steht die Kirche wahrhaft stolz auf einer grün bewachsenen Anhöhe, umfriedet von einer Wehrmauer, daneben das gotische Pfarrhaus. Gelegenheit zum Entspannen bietet Ihnen ein Bad in dem Salzsee von **Ocna Sibiului** (ca. 20 km südwestlich). Man nannte den Ort, der durch den Einsturz eines Salzbergwerks entstanden ist, Salzburg.

Sie verlassen das Alte Land und fahren weiter über Copşa Mică zurück Richtung Sighişoara. Bei Copsa Mică lohnt sich ein Abstecher 5 km Richtung Süden, nach *Wurmloch (Valea Viilor)*, zur wuchtigen gotischen Kirche aus dem 14. Jh. mit dem ältesten Kirchenmobiliar Siebenbürgens (16. Jh.). Der ulkige Ortsname bedeutet im sächsischen Dialekt „warmes Loch". Die Sachsen nannten ihn so, weil er wegen seines milden Klimas gut für Weinanbau geeignet ist.

Insider Tipp

Durch schöne Eichen- und Buchenwälder geht die Tour, bis Sie Mediaş erreichen. 4 km nördlich liegt der Bade- und Kurort **Bazna**. Hier kann man in mineralhaltigem Wasser baden, Schlammpackungen nehmen oder schlicht entspannen *(www.bazna-turism.ro)*.

Zurück in Mediaş verlassen Sie die Hauptstraße und biegen rechts ab auf eine Rundtour, die Sie nach **Moşna (Meschen)** und zur Kirchenburg **Biertan (Birthälm**, *S. 56*) führt. Aber auch in Moşna beeindruckt das Prachtstück aus dem 15. Jh. mit Wehrtürmen, Basteien, einer dreischiffigen Hallenkirche, freistehendem Glockenturm und Zwinger. Von Moşna aus fahren Sie 7 km weiter südöstlich und biegen dann bei der ersten Weggabelung links ab. In Richtung Norden geht es jetzt nach **Biertan** mit der wohl repräsentativsten Kirchenburg. Das Bauwerk beherrscht das Dorf von einer kleinen Anhöhe aus. Es hat eine dreifache Ringmauer. Zwischen 1500 und 1525 gebaut, weist das spätgotische Monument bereits Elemente der Renaissance auf. Innen sind sehenswert das Chorgestühl, die Kanzel mit

Eine dreifache Ringmauer schützt Biertan

Steinreliefs und die intarsienverzierte Tür.

Von Biertan aus folgen Sie dem Weg weiter nördlich und erreichen die Landstraße, die Sie bei Mediaş verlassen haben. Nach etwa 10 km sind Sie in *Sighişoara*. Um die Rundfahrt abzuschließen, fahren Sie jetzt in südlicher Richtung durch die Hochebene in das Harbach-Tal nach **Agnita (Agnetheln)** mit gotischer Kirchenburg aus dem 15. Jh.

EIN TAG IN BUKAREST

Action pur und einmalige Erlebnisse.
Gehen Sie auf Tour mit unserem Szene-Scout

FRÜHSTÜCK IM CHOCOLAT

9:00

Frühstücken à la roumaine oder à la française in einer der wenigen Locations, wo das möglich ist. Das *Chocolat* ist eine charmante Melange aus Café, Konditorei, Restaurant und Bistro mit feinster selbst gemachter Patisserie, 100% Bio. **WO?** *Im alten Leipzigerviertel, Calea Victoriei 12 a, Eingang über Str. Stavropoleos | Tel: 021/314 92 45 | www.chocolat.com.ro*

10:30

RITT DURCH DEN WALD

Die Wälder von Băneasa rufen. Hoch zu Pferd werden sie erkundet. Wenn einem der Geruch des frischen Grases in die Nase steigt, ist die Welt einfach in Ordnung. **WO?** *Bucharest Riding Club, Str. Jandarmeriei 2 | Kosten: 10 Euro pro halbe Stunde | Anmeldung 2 Tage vorher unter Tel: 0740/15 29 27*

PLANSCHEN IN CEAUŞESCUS POOL

11:30

Nach dem wilden Ausritt wartet eine sanfte Massage. Eine Stunde wird nun der ganze Körper mit feinem Orangenöl verwöhnt. In spannendem, historischem Ambiente, nämlich dem ehemaligen Privatschwimmbad von Diktator Ceauşescu. Mit tollem Seeblick, Sauna, Fitnesscenter und Restaurant. Im Sommer kann man draußen auf der Wiese liegen und sich einen Cappuccino an den Liegestuhl servieren lassen. **WO?** *Bld. Mircea Eliade 1 | Kosten: 15 Euro | Anmeldung unter Tel: 021/319 81 77*

13:00

LUNCH À LA ROSE

Im Haus der Wissenschaftler, *Casa Oamenilor de Stiință*, erlebt man seinen Lunch mit allen Sinnen. Das Essen ist hervorragend, das Gebäude erinnert an den Luxus vergangener Tage und der Rosenduft aus dem Garten ist betörend. **WO?** *Piața Lahovari 9 | Tel: 021/210 12 84*

24 h

FLOWERPOWER

14:30

Wer von den Rosen angetan war, wird nun begeistert sein. Auf geht's zum Blumenmarkt in den Hallen der ehemaligen Warenbörse. Das Gelände ist in ein wahres Farbenmeer getaucht und man bestaunt die außergewöhnlichsten und schönsten Blumen. Wer nicht nur staunen will, kann seiner Liebsten/seinem Liebsten natürlich auch einen Strauß zusammenstellen. Ideal für eine Liebeserklärung! **WO?** *Piața George Coșbuc*

16:30

MIT DEM HELI ÜBER DIE STADT

Aus der Vogelperspektive die architektonische Vielfalt der Stadt erfassen kann man nur, wenn man sich einen Heli mietet. Und das wird jetzt gemacht! Dieses Erlebnis wird man nie vergessen! **WO?** *Firma Dasson, Internationaler Flughafen Băneasa 1. Stock | Anmeldung 10 Tage vorher unter Tel. 021/325 40 81 | Kosten: ab acht Personen 248 Euro | www.dasson.ro*

MONDÄN SPEISEN

21:00

Wo schon Francis Ford Coppola nach dem Dreh speiste: Rumänische Heiterkeit trifft in diesem Szenelokal mit schickem Interieur und Garten auf asiatische Gelassenheit. Feine Küche mit französischen und asiatischen Einflüssen. **WO?** *Str. Dumbrava Roșie 2 | Tel. 021/212 14 60 | www.balthazar.ro*

0:30

BEI DEN SCHÖNEN DER NACHT

Im *Embryo* trifft sich alles, was hip, schön und stylish ist. Der Club besticht durch abgefahrenes Design und internationale DJs. An der langen Bar stehen nicht nur die hübschesten Barkeeper der Stadt, sie mixen auch die leckersten Cocktails für die lässigsten Frauen. **WO?** *Str. Ion Otețeleșanu 3 | Tel. 0727/37 90 23*

> RAUF UND RUNTER

In Rumänien locken die Karpaten und das Meer versierte Sportler, aber auch Anfänger

> Von leichten Wanderungen durch sanfte Hügellandschaften bis hin zu anspruchsvollen Kletter- und Raftingtouren in den Karpaten, Mountainbiking, Tauchen, Floßfahrten, Expeditionen in die Höhlen und zu den Futterplätzen der Braunbären, Ski und Reiten – alles ist in Rumänien möglich.

HÖHLENWANDERUNGEN

Etwa 12 000 Höhlen durchlöchern die rumänischen Karpaten wie einen Schweizer Käse. Noch sind längst nicht alle öffentlich zugänglich. Manche sollten nur sehr geübte Bergsteiger mit Spezialausrüstung erkunden. Andere sind Ausflugsziele für die ganze Familie. Zu den schönsten Höhlen gehören *Comarnic* im Banater Bergland bei Resita, die *Peştera Muierii* („Frauenhöhle") nahe Târgu Jiu in der westlichen Walachei sowie die arg überfüllte Höhle *Dâmbovicioara* bei Bran in Siebenbürgen (*alle tgl. 9–16 Uhr).* Organisierte Touren bieten

Bild: Wandern im Făgăraş-Gebirge in den Südkarpaten

SPORT & AKTIVITÄTEN

immer mehr Unternehmen an. Infos: *www.karpatenwilli.com | www.apuseniexperience.ro | www.turismaventura.ro)* Höhlenführungen finden z.T. nur von Mai bis Sept. statt.

MOUNTAINBIKING

In der traumhaften Berg-und-Hügel-Landschaft erlebt Mountainbiking einen rasanten Aufschwung. Doch es gibt zurzeit noch zu wenige Unternehmen, die Räder vermieten und Touren organisieren wie z. B. die Agentur *Kultours* in Sibiu *(tgl. 9–12 Uhr | Casa Luxemburg | Piaţa Mica 16 | Tel. 0269/ 21 68 54)*. Dort gibt es auch Auskünfte zu Gruppenradtouren und entsprechende Landkarten.

REITEN

Zum Paradies entwickelt sich Rumänien für Fans des Reitsports. Herrliche Landschaften kann man in Poiana Braşov vom Pferderücken aus entdecken. Das *Centrul de Echitaţie (Tel. 0268/26 21 61)* bietet stundenweise Reittouren. Ausflüge und Reitkurse organisiert auch das *Hotel Dracula* im Dorf *Danes* bei Schässburg. Wer große Expeditionen anstrebt, ist am nordöstlichen Rand Siebenbürgens bei Julian Ross gut aufgehoben. Der Brite betreibt in Lunca Ilvei das Insider Tipp Gestüt *Ştefan cel Mare (Tel. 0263/ 37 84 70 oder 0723/52 60 39).* Der Ort gehört zum Draculaland, liegt nahe dem wildromantischen Bârgau-Pass, der wohl Vorbild für den Borgo-Pass aus Bram Stokers Dracularoman war. Infos zu Unterkünften in Lunca Ilvei unter *http://ruraltourism.ro*

TIERE BEOBACHTEN

Die rumänischen Forstbehörden bieten für Touristen Insider Tipp Ausflüge zu den Futterplätzen von Bären und Wölfen an *(www.romaniatravelcentre.com)*. Auf eigene Faust sollten Sie besser keine wilden Tiere suchen, das kann gefährlich werden. Infos über organisierte Touren gibt es bei der Filiale des rumänischen Ökotourismusvereins *Antrec* in Bran bei Braşov *(Str. Principala 509 | Tel. 0268/23 63 55)* oder direkt bei der örtlichen Nationalparkverwaltung, die die Touren durchführt: *Parcul National Piatra Craiului | Str. Toplita 150 | Zărneşti | Tel. 0268/22 31 65 oder 0723/ 33 04 74 | bcostescu@pcrai.ro.* Das Tierbeobachtungsgebiet schlechthin ist das Donaudelta, vor allem für Störche, Pelikane und andere Wasservögel. Gezielte Ausflüge bieten fast alle Hotels im Delta an.

WANDERN & BERGSTEIGEN

Wanderer finden im rumänischen Karpatenbogen eine geradezu atemberaubende Vielfalt an Möglichkeiten vor. Wer mehrere Tage mit dem Rucksack durch die Berge wandern möchte, kann viele Touren von einer Berghütte *(cabana)* zur anderen machen. Der Service in den *cabanas* ist

Snowboarder finden in rumänischen Skigebieten bis März ausgezeichnete Bedingungen

allerdings sehr unterschiedlich. Machen Sie sich auf Gemeinschaftsräume gefasst. Wildes Zelten ist fast überall möglich. Wer kein Zelt, aber einen Schlafsack und Verpflegung dabeihat, findet außerdem gratis Unterkunft in einer der vielen Holzhütten ohne jede Ausstattung *(adă-posturi)*. In den Wandergebieten hat sich ein Netz von Bergführern etabliert. Angebote für begleitete Wanderungen, abgestimmt auf die Kondition der Teilnehmer, finden sich z. B. unter *www.mountainguide.ro*. Ratschläge und Erfahrungsberichte gibt es bei *www.karpatenwilli.com*.

Zu den klassischen Wandergebieten gehören in den Südkarpaten das Postăvarul-Massiv, erreichbar ab Poiana Braşov, die Piatra Craiului (Königstein) in der Nähe von Schloss Bran, das Bucegi-Gebirge bei Buşteni, das Făgăraş-Gebirge in der Nähe von Sibiu und das wilde Retezat-Gebirge im Südwesten. Im westlichen Bergland *(Munţii Apuseni)* zieht es die meisten Wanderer zum Padis-Plateau südwestlich von Cluj-Napoca, dem Ausgangspunkt zum Aufstieg auf die Gipfel Măgura Vânătă und Cârligatele (beide um 1600 m). Im menschenleeren Retezat-Massiv können geübte Wanderer herrliche Touren zu den Gletscherseen machen. In den Ostkarpaten lockt das Ceahlău-Massiv, der „Olymp der Moldau". Beliebt sind von den Orten Durău, Ceahlău, Bicaz und Bicazul Ardelean aus die markierten Wege zur *cabana* am 1790 m hohen Gipfel Dochia. Weitere Wandergebiete erstrecken sich im Rarau-Gebirge in der Gegend von Câmpulung Moldovenesc. An der per Auto erreichbaren *cabana Rarău* beginnt der ca. halbstündige Aufstieg zu den berühmten Felsen Pietrele Doamnei.

WASSERSPORT

Zum Surfen und Segeln ist das Schwarze Meer weniger geeignet, weil es dort v. a. im Sommer eher windstill ist. Auch Aktivitäten wie Wasserski sind vergleichsweise unterentwickelt. Derartiges bietet z. B. der Ferienkomplex *La Scoica Land (Tel. 0728/72 64 22 | www.lascoicaland.ro)* in Mamaia am Süßwassersee. Wer tauchen lernen möchte, kann das bei *Scuba Diver (Tel. 021/610 46 02 | www.scubadiver.ro)*. Unter Wasser lockt weniger exotische Meeresfauna, sondern alte Schiffswracks.

Im Kommen sind Raftingtouren in den Karpaten, z. B. auf dem Fluss Jiu im Südwesten *(Turismaventura in Târgu Jiu | Tel. 0253/22 25 55 | www.turismaventura.ro)*. Großes Können erfordert Rafting auf der Bistriţa in der westlichen Bukowina bei Vatra Dornei *(Hotel Vila Sport | Tel./Fax 0230/37 15 67; Tourismusamt | Tel. 0230/37 27 67)*. Insider Tipp

WINTERSPORT

In Rumänien herrschen von Dezember bis März in der Regel ausgezeichnete Wintersportverhältnisse. Am besten ausgestattet sind die traditionellen Urlaubsregionen der Südkarpaten: Poiana Braşov, Sinaia und Predeal (mit fremdsprachenkundigen Skilehrern). Skilangläufer sind gut in Fundata aufgehoben. Skikurse buchen Sie z. B. beim Hotelkomplex *Ana* (Tel. 0268/40 73 30) in Poiana Braşov, weitere Infos unter *www.poiana-brasov.ro*.

> AUSTOBEN NACH HERZENSLUST

Temperamentvolle Kinder haben in Rumänien freie Bahn. Es locken spannende Burgen, Höhlen und echte Naturerlebnisse

> Zwar sind die Rumänen erklärtermaßen kinderfreundlich, doch schlägt sich dies noch recht ungenügend in der touristischen Infrastruktur nieder. An der Schwarzmeerküste haben die meisten Hotels Kinderpools, und in vielen Herbergen wird auch bereitwillig ein weiteres Bett ins Zimmer gestellt. Kinderspielplätze sind allerdings in der Regel lieblos ausgestattet und entsprechen nicht immer westeuropäischen Sicherheitsstandards.

Andererseits dürfen Kinder im Karpatenland nach Belieben lärmen und sich austoben und ernten dafür Sympathie und Anerkennung. Für den Urlaub mit Kleinkindern eignen sich am ehesten die Badeorte am Schwarzen Meer wegen der langen, seichten Ufer oder die Bauernhöfe in Siebenbürgen. Wer größere Kinder auf Besichtigungstouren mitnimmt, sollte am besten das Auto nehmen, denn die Fahrt mit öffentlichen Verkehrs-

MIT KINDERN REISEN

mitteln ist unzuverlässig und anstrengend. Ins Reisegepäck gehören in jedem Fall Mittel gegen Durchfall, schon allein wegen der manchmal verdorbenen Eiscreme, die auf der Straße angeboten wird, außerdem Salben gegen Insektenstiche und eine starke Sonnencreme. Aus dem Westen importierte Babynahrung oder Windeln gibt es in nahezu jedem Supermarkt und fast jeder Apotheke, sodass Sie keine großen Vorräte mitzunehmen brauchen, es sei denn, Sie bevorzugen bestimmte Marken. Die Eintrittspreise sind durchweg gering. Sie betragen in der Regel 50 Cent für Erwachsene, Kinder zahlen die Hälfte.

BANAT, APUSENI & MARAMUREȘ

GLETSCHERHÖHLE VON SCĂRIȘOARA [123 D4]

Ein Rieseneisblock mitten im Berg – auch noch so abgebrühte Kids wer-

Kinder haben in Rumänien viele Freiheiten, Toben ist ausdrücklich erwünscht

den bei diesem Naturspektakel aus gefrorenem Wasser und sciencefictionartigen Lichteffekten begeistert sein. Außerdem ist es eine richtige Expedition, denn man muss sich wegen der Eiseskälte in der Grotte sogar im Sommer warm anziehen. Schon der Hinweg ist abenteuerlich: Man fährt von Oradea in südlicher Richtung über Beius und Stei nach Gârda de Sus. Von dort geht es auf einem unasphaltierten Weg 18 km weit zur Höhle. *Di–So 10–16 Uhr*

SIEBENBÜRGEN

FERIEN AUF DEM BAUERNHOF

Der Verein Antrec vermittelt Zimmer bei rumänischen Bauern. Hier macht die ganze Familie Urlaub mit frisch gemolkener Milch, Eiern von glücklichen Hühnern, Natur pur und Einheimischenanschluss. *Antrec | Bd. Mărăşti 59, C3 | Bukarest | Tel./Fax 021/ 222 80 01 | www.antrec.ro*

SCHLAMMVULKANE VON BERCA [128 C2]

Für Kinder ab sechs ist die spektakuläre Naturerscheinung ein Riesenspaß: Auf dem großen Areal nahe Berca gluckert es aus vielen Schlammpfützen, ab und zu spritzt ein ganzer Schwall hoch. Grund ist Erdgas, das aus der Tiefe an die Oberfläche dringt. Man muss sehr aufpassen, denn an scheinbar trockenen Stellen kann der Boden plötzlich nachgeben und man bleibt bis zur Hüfte im Schlammkrater stecken. Es gibt keine organisierten Führungen zu den Schlammvulkanen. Fragen Sie in Berca nach den *Pâclele Mari* (sprich: pücklele mar). *20 km nördl. von Buzău, auf der Strecke nach Braşov*

DRACULABURG IN SCHÄSSBURG [123 F5]

In der zauberhaften mittelalterlichen Burg können sich Kinder und kindliche Gemüter in alle möglichen Märchen und Sagen hineindenken: Dornröschen könnte hier wach geküsst worden sein, vielleicht sogar vom Grafen Dracula. Ein Spaziergang vom Schässburger Stundturm zum Draculahotel ist ein Erlebnis auch für Kinder, die sonst für Baudenkmäler nichts übrig haben.

BUKAREST & WALACHEI

ANTIPA-MUSEUM IN BUKAREST [0]

Das Naturkundemuseum wirkt etwas angestaubt, aber Kinder werden an den ausgestopften Tieren ihren Spaß haben, vor allem am Dinosaurierskelett. *Piaţa Victoriei | Di–So 10–17 Uhr*

HERĂSTRĂU-PARK [0]

Rumäniens Hauptstadt ist anstrengend – besonders für Kinder. Entspannung, Platz zum Toben und Spielplätze gibt es im Herăstrău-Park im Norden der Stadt. Mit etwas Glück ist auch das Riesenrad gerade in Betrieb.

MOLDAU & BUKOWINA

Insider Tipp

SALZBERGWERK IN CACICA [124 B2]

Eine kindgerechte Abwechslung zur Klöstertour in der Moldau ist das ehemalige Salzbergwerk in Cacica, 15 km nördlich von Gura Humorului, mit unterirdischem Salzwassersee, Tanzsaal und Salzskulpturen. Außerdem gibt es eine Kapelle zu Ehren der heiligen Barbara, Schutzpatronin der Bergleute, zu sehen. Gleich am Eingang hängt eine Marienikone, der Wunderkräfte zugeschrieben werden, weshalb immer wieder viele Pilger kommen. Richtig voll wird es an Mariä Himmelfahrt, am 15. August, dann finden unter Tage sogar Gottesdienste statt. *Tgl. 9–16 Uhr*

SCHWARZES MEER & DONAUDELTA

DELPHINARIUM (DELFINARIU) [129 E4]

Viel Spaß haben Kinder an den Delphinshows im modernisierten Delphinarium von Constanţa im Naturkundemuseum *(Complex Muzeal de Stiinte ale Naturii)*. Der Komplex umfasst auch einen Aquariumsbereich, ein Gelände mit exotischen Vögeln sowie ein 4 ha großes Gehege für Tiere, die im Donaudelta heimisch sind: von Pelikanen und Wildgänsen bis zu Hirschen. *Tgl. 8–21 Uhr | Shows 10, 12, 14 Uhr | Bd. Mamaia 255*

NATURRESERVAT HAGIENI [129 E5]

Insider Tipp

Eine Oase in der sonst kahlen Landschaft: Zwischen 550 seltenen Steppenpflanzenarten kriechen Schildkröten, harmlose Schlangen und mehrere Eidechsenarten herum. Man fährt von Mangalia 13 km westlich Richtung Negru Vodă bis kurz vor das Dorf Albeşti. Interessant ist auch das 5 km südlich von Albeşti gelegene typische Tatarendorf Hagieni.

Absolutes Muss im heißen rumänischen Sommer: ein Sonnenhut für die Jüngsten

SEE LIMANU MIT GROTTE [129 E5]

Die 4 km lange, labyrinthartige Grotte am Süßwassersee Limanu, 2 km südlich von Mangalia, lädt zum Versteckspielen ein. So können die Kinder die verzweigte Höhle herrlich erkunden.

> VON ANREISE BIS ZOLL

Urlaub von Anfang bis Ende: die wichtigsten Adressen und Informationen für Ihre Rumänienreise

ANREISE

AUTO

Von Wien führt die Autobahn über Budapest fast bis zur rumänischen Grenze bei Szeged. Von dort am besten weiter über Arad und Sibiu nach Bukarest. Weitgehend über Landstraßen führt der Weg von Budapest über Szolnok und Püspökladany nach Oradea und Cluj.

BAHN

Nach Bukarest gelangen Sie mit dem Eurocity über Wien und Budapest. Morgens fahren Sie in München los, am späten Nachmittag steigen Sie in Budapest in den Nachtzug und erreichen Bukarest am nächsten Morgen (etwa 22 Std., Preis hin und zurück ca. 160 Euro).

FLUGZEUG

Lufthansa bietet täglich Direktflüge von Frankfurt und München nach Bukarest an, außerdem von München nach Sibiu und Temeswar. Die rumänische Hauptstadt wird auch von Wien und Zürich direkt angeflogen. Der Preis für einen Hin- und Rückflug Frankfurt–Bukarest für eine Person liegt bei mindestens 600 Euro. Mit der rumänischen Fluggesellschaft Tarom fliegt man von München aus für etwa 400 Euro direkt nach Bukarest. Die ungarische Fluglinie Malev bietet Flüge über Buda-

PRAKTISCHE HINWEISE

pest schon ab 275 Euro an. Über Amsterdam erreicht man mit KLM Bukarest ebenfalls für ca. 285 Euro. In der Hauptsaison gibt es Charterflüge nach Siebenbürgen, in die Moldau und ans Schwarze Meer. Viele Verbindungen zwischen Deutschland und Rumänien bietet auch die Carpatair für 290 bis 330 Euro an. Auch die Billigfluggesellschaften WizzAir, Blue Air und EasyJet haben Rumänien im Programm.

SCHIFF

Es gibt die Möglichkeit, auf der Donau eine Kreuzfahrt bis ans Schwarze Meer zu machen. Die Fahrt von Passau bis nach Sulina oder Izmail dauert etwa acht bis zehn Tage und kostet je nach Komfort ab ca. 1200 Euro aufwärts.

AUSKUNFT

RUMÄNISCHE TOURISTENBÜROS

– Budapester Str. 20 A | 10787 Berlin | Tel. 030/241 90 41 | Fax 24 72 50 20

– Währinger Str. 6–8 | 1090 Wien | Tel. 01/317 31 57 | Fax 31 73 15 74

AUTO

Ohne Promille fahren! In Rumänien gilt absolutes Alkoholverbot. Und das wird auch kontrolliert. In jedem Fall vorsichtig fahren! Die Straßen sind zwar besser als ihr Ruf, doch innerhalb der Ortschaften können sich unerwartete Schlaglöcher auftun, die mitteleuropäische Fahrer einfach nicht gewohnt sind. Unbedingt an die Höchstgeschwindigkeit halten, auch wenn die Rumänen oft wesentlich schneller fahren. Die Straßen sind sehr belebt mit Fußgängern, Tieren (Hunde, Pferde, Kühe, Gänse) sowie Fuhrwerken.

WAS KOSTET WIE VIEL?

KAFFEE	80 CENT	für eine Tasse Kaffee
BIER	0,75 BIS 1 EURO	für ein Bier
ESSEN	7 EURO	für ein Tagesgericht
BREZEL	1,50 EURO	für eine Brezel
BENZIN	1 EURO	für einen Liter bleifreies Benzin
SCHNELLZUG	CA. 12 EURO	für 100 km in der 1. Klasse mit einem Intercity

Es gilt Tempo 120 auf Autobahnen, 90 auf Landstraßen außerhalb der Ortschaften und 50 innerhalb, für Motorräder 50 bzw. 40 km/h. Halten Sie sich an die Begrenzungen, es gibt viele Radarkontrollen. Das Tankstellennetz an den Hauptstraßen ist recht großzügig ausgebaut. Bei großen

Tankstellen können Sie inzwischen mit normaler Kreditkarte bezahlen.

BANKEN

Banken sind werktags von 8–13 und 14–18 Uhr geöffnet. Dort können auch Reiseschecks eingelöst werden. Geldwechseln ist jedoch in größeren Hotels und privaten Geldstuben günstiger. Auf keinen Fall bei Privatleuten auf der Straße Geld tauschen, man wird betrogen! Inzwischen kann man sich mit seiner deutschen EC-Karte aus rumänischen Geldautomaten mit der Landeswährung Lei versorgen.

CAMPING

In Rumänien gibt es ungefähr 50 Campingplätze, die zumeist von Mai bis September geöffnet sind. Der Komfort auf den Plätzen ist allerdings nicht sehr groß. Folgen Sie den örtlichen Hinweisschildern.

DIPLOMATISCHE VERTRETUNGEN

DEUTSCHE BOTSCHAFT

Strada Cpt. Av. Gheorghe Demetriade 6–8 | Bukarest | Tel. 021/202 98 30 | www.bukarest.diplo.de

DEUTSCHE KONSULATE

Strada Lucian Blaga 15–17 | Sibiu | Tel. 0269/20 62 11 | www.hermannstadt.diplo.de
Splaiul Tudor Vladimirescu 10 | Timişoara | Tel. 0256/30 98 00 | www.temeswar.diplo.de

ÖSTERREICHISCHE BOTSCHAFT

Strada Dumbrava roşie 7 | Bukarest | Tel. 021/201 56 12 | Fax 210 08 85 | bukarest-ob@bmeia.at

BOTSCHAFT DER SCHWEIZ

Strada Grigore Alexandrescu 16 bis 20 | Bukarest | Tel. 021/206 16 00 | buc.vertretung@eda.admin.ch

EINREISE

Zur Einreise nach Rumänien brauchen Bürger der EU und auch Schweizer nur einen gültigen Personalausweis.

FKK

FKK wird an etlichen Schwarzmeerstränden praktiziert. Oben ohne ist dort auch kein Problem. Einige wenige Hotels an der Küste haben außerdem eigene FKK-Strandabschnitte.

FOTOGRAFIEREN

Das Fotografieren ist fast überall erlaubt, außer an Brücken, Flugplätzen und militärischen Einrichtungen. Ein Schild mit durchgestrichener Kamera macht auf das Verbot aufmerksam. Daran sollte man sich strikt halten. Filme und Speicherchips bringt man besser mit, sie sind in Rumänien teurer als zu Hause.

GELD

Die Landeswährung Leu (Mehrzahl Lei) hat sich in den vergangenen Jahren bedeutend stabilisiert. Bei einer Währungsreform wurden zudem vier Nullen gestrichen. Bei Redaktionsschluss entsprach ein Euro 3,71 Lei. Untereinheit des neuen Leu ist der Ban (Mehrzahl Bani). Ein Leu entspricht 100 Bani. Es gibt Münzen zu 1, 5, 10 und 50 Bani sowie Scheine zu 1, 5, 10, 50, 100, 200 und 500 Lei. Die alten Münzen und Scheine wurden bis Ende 2006 vollständig eingezogen. Im Sprachgebrauch ist das alte Geld aber immer noch präsent. Die meisten Verkäufer sagen „eine Million" und meinen „Hundert".

GESUNDHEIT

In Rumänien haben EU-Bürger nach Vorlage der Europäischen Krankenversicherungskarte (EHIC) theoretisch Anspruch auf ärztliche Behandlung in den Einrichtungen, die einen Vertrag mit der Nationalen Krankenversicherung *(Casa Naţionala de Asigurări de Sănătate)* haben. Dazu gehören fast alle rumänischen Arztpraxen, Polikliniken und Krankenhäuser. Die unterbezahlten Ärzte und Pfleger erwarten allerdings ein „Trinkgeld", bei chirurgischen Eingriffen in Höhe von mehreren hundert Euro. Die Apotheken sind in der Regel mit den gängigen Medikamenten gegen Kopfschmerz, Grippe und Durchfall gut versorgt.

HOTELS

Vor allem in den Städten sind neue Hotels mit westlichem Komfort entstanden oder alte entsprechend renoviert worden. Bisweilen mangelt es an empfehlenswerten günstigeren Quartieren. An vielen Straßen in den Karpaten werden Motels *(hanul)* gebaut, die im Durchschnitt einen guten Standard haben und auch preislich recht günstig sind.

INTERNET

Über Rumänien als Reiseziel gibt es Websites wie etwa *www.romaniatravel.com; www.turism.ro; www.turistinfo.ro; www.hotelnet.ro; www.romania.hotels.ro; www.karpatenwilli.com* mit lauter Tipps für Touristen und Unterkünften. Aktuelle Kulturveranstaltungskalender bieten die Portale *www.sapteseri.ro/en/homepage/* für Bukarest und weitere größere rumänischen Städte sowie *www.bucuresti.ro*. Beide Sites haben englische Versionen. Wer sich vor der Reise intensiver informieren will, kann bei Radio Freies Europa unter *newslinerequest@list.rferl.org* tägliche Versorgung mit aktuellen Nachrichten per E-Mail bestellen.

INTERNETCAFÉS

Das Land ist mit Internetanschlüssen bestens versorgt. In fast jeder Kleinstadt gibt es mindestens ein Internetcafé, in der Hauptstadt Bukarest Dutzende. In Grandhotels ist WLAN selbstverständlich, zunehmend auch in Mittelklassehäusern und kleinen Pensionen. In den größeren Städten gibt es zahlreiche kostenlose Hotspots in Cafés. Surfen im Netz kostet dort 1,50 bis 2 Euro, in der Provinz 50 bis 75 Cent pro Stunde.

Bukarest: Internet-Café | Calea Victoriei 136 | Tel. 021/650 42 14

Timişoara (Temeswar): Internet Java | Strada Pacha 6 | tgl. nonstop

Braşov (Kronstadt): Internet Hercules | im Kellerlokal Discul de Aur |

WÄHRUNGSRECHNER

€	Lei	Lei	€
1	3,71	10	2,72
2	7,42	20	5,43
3	11,13	25	6,79
4	14,84	30	8,15
5	18,56	40	10,87
7	25,98	50	13,58
12	44,54	70	19,02
25	92,79	120	32,60
125	463,93	125	33,96

Piața Sfatului (Rathausplatz) Nr. 6 | Tel. 0268/41 01 64

MIETWAGEN

In den Städten können Autos nahezu aller Marken gemietet werden. Die Wagen müssen nicht bei der gleichen Agentur zurückgegeben werden, bei der sie angemietet wurden. Die Tagespauschale beträgt mindestens 20 Euro, pro km werden umgerechnet 25 Cent hinzuberechnet. Eine Kaution von ca. 100 Euro muss hinterlegt werden.

NOTRUF

Polizei: *955,*
Unfallrettung: *961,*
dazu die jeweilige Vorwahl.
Dauert auf dem Land lange.

ÖFFENTLICHE VERKEHRSMITTEL

Die Linienbusverbindungen sind dürftig. Oft verkehren die Busse zwischen den einzelnen Orten nur einmal am Tag. Die Abfahrtszeiten werden häufig nicht eingehalten. Von den größeren Städten aus gibt es Ausflüge per Bus. Informationen über Touren in das Umland erfragen Sie bitte bei den jeweiligen Touristenbüros. Die größeren Städte werden vom rumänischen Eisenbahnnetz bedient. Zugreisen sind relativ preiswert. Es empfiehlt sich, Karten für die 1. Klasse zu lösen.

ÖFFNUNGSZEITEN

Viele Geschäfte haben auch sonntags und oft bis spät in die Nacht hinein geöffnet. Zudem gibt es etliche Non-Stop-Supermärkte. Restaurants sind in Bukarest, in größeren Städten und an gängigen Urlaubsorten in der Saison in der Regel ab Mittag bis weit nach Mitternacht geöffnet. In kleineren Orten, die nicht in bekannten Urlaubsgebieten liegen, schließen viele

WETTER IN CONSTANTA

	Jan.	Feb.	März	April	Mai	Juni	Juli	Aug.	Sept.	Okt.	Nov.	Dez.
Tagestemperaturen in °C	3	5	8	13	19	24	27	26	22	17	11	6
Nachttemperaturen in °C	−3	−2	1	6	11	16	18	18	14	9	5	0
Sonnenschein Std./Tag	3	3	4	7	9	10	11	10	8	7	3	2
Niederschlag Tage/Monat	7	5	5	5	6	6	4	3	3	5	6	6
Wassertemperaturen in °C	4	3	4	9	14	19	22	23	20	16	13	7

Küchen schon gegen 22 Uhr, und es gibt nur noch kalte Gerichte. Außerhalb der Saison reduzieren in vielen Urlaubsgebieten die Lokale ihre Öffnungszeiten oder bleiben geschlossen.

POST

Die Postämter sind *Mo–Fr von 7–20, Sa 9–12 Uhr* geöffnet. Eine Briefmarke für einen normalen Brief nach Deutschland kostet 2,10 Lei. Briefkästen sind gelb oder rot und tragen die Aufschrift „Posta".

STROM

220 Volt Wechselstrom. Ein Adapter ist nicht nötig.

TAXI

Ein billiges Vergnügen, obwohl Ausländer wesentlich mehr zahlen als Einheimische.

TELEFON & HANDY

Das rumänische Telefonnetz hat bis auf einige Ausnahmen in entlegenen Dörfern europäischen Standard. Es gibt Münz- und Kartentelefone, einige sind sogar für Auslandsgespräche geeignet. Achtung: Gespräche aus Rumänien ins Ausland sind im europäischen Vergleich die teuersten (5-minütiges Gespräch nach Deutschland: ca. 3,60 Euro). Die Vorwahl für Rumänien ist *0040*. Deutschland erreichen Sie von Rumänien aus unter *0049*, Österreich unter *0043* und die Schweiz unter *0041*.

Beim Roaming spart, wer das günstigste Netz wählt. Mit einer rumänischen Prepaid-Karte der Betreiber *Connex* oder *Orange* entfallen die Gebühren für eingehende Anrufe. Prepaid-Karten wie die von *Global-Sim* *(www.globalsim.net)* oder *Globilo* *(www.globilo.de)* sind zwar teurer, ersparen aber ebenfalls alle Roaming-Gebühren. Und: Sie bekommen schon zu Hause Ihre neue Nummer. Immer günstig sind SMS. Hohe Kosten verursacht die Mailbox: noch im Heimatland abschalten!

TRINKGELD

In Restaurants 10 bis 15 Prozent der Rechnung. Der Weinkellner erhält auch ein kleines Trinkgeld.

ZEIT

In Rumänien gilt die Osteuropäische Zeit. Mitteleuropäer müssen ihre Uhren eine Stunde vorstellen.

ZEITUNGEN

Es gibt mehrere deutschsprachige Zeitungen. In Sibiu erscheint die „Hermannstädter Zeitung" *(www.hermannstaedter.ro)*, in Bukarest „Die Allgemeine Deutsche Zeitung" *(www.adz.ro)*.

ZOLL

Innerhalb der EU dürfen Waren des persönlichen Gebrauchs frei ein- und ausgeführt werden dürfen, u. a. bis zu 800 Zigaretten, 10 l Spirituosen und 90 l Wein. Einige EU-Staaten wie Deutschland haben eine Mengenbeschränkung in Höhe von 200 Zigaretten bei der Wiedereinreise aus Rumänien bis zum 31. Dezember 2009 eingeführt. Für Schweizer Bürger gelten grundsätzlich geringere Mengen. Für die Ausfuhr von Kunstwerken aus Rumänien braucht es eine Genehmigung vom *Oficiul Patrimoniului*.

> VORBIŢI ROMÂNEŞTE?

„Sprechen Sie Rumänisch?" Dieser Sprachführer hilft Ihnen, die wichtigsten Wörter und Sätze auf Rumänisch zu sagen

Aussprache

Zur Erleichterung der Aussprache sind alle rumänischen Wörter mit einer einfachen Aussprache (in eckigen Klammern) versehen.

AUF EINEN BLICK

Ja./Nein.Vielleicht.	Da./Nu. [da/nu] Poate. [poate]
Bitte.	Vă rog. [wö rog]
Vielen Dank!	Mulţumesc frumos. [multzumessk frumoss]
Gern geschehen.	Cu plăcere. [ku plötschere]
Entschuldigung!	Scuzaţi. [sskusatzj]
Wie bitte?	Poftim? [poftim]
Ich verstehe Sie/dich nicht.	Nu vă/te înţeleg. [nu wö/te üntzeleg]
Ich spreche nur wenig …	Vorbesc numai puţin … [worbessk numaj putzin…]
Können Sie mir bitte helfen?	Mă puteţi ajuta, vă rog? [mö putetzj aschuta wö rog]
Ich möchte …	Aş dori … [asch dori …]
Das gefällt mir (nicht).	Asta îmi place (nu-mi place). [aßta ümi platsche (numi platsche)]
Haben Sie …?	Aveţi …? [awetzj …]
Wie viel kostet es?	Cît costă aceasta? [küt kosstö atscheasta]

KENNENLERNEN

Guten Morgen!	Bună dimineaţa! [bunö dimineatza]
Guten Tag!	Bună ziua! [bunö siua]
Guten Abend!	Bună seara! [bunö sseara]
Hallo! Grüß dich!	Te salut! [te ssalut]
Mein Name ist …	Numele meu este … [numele meu esste]
Wie ist Ihr/dein Name?	Cum vă numiţi/te numeşti? [kum wö numitzj/te numeschtj]
Wie geht es Ihnen/dir?	Ce mai faceţi/faci? [tsche maj fatschetzj/fatschj]
Danke. Und Ihnen/dir?	Mulţumesc. Şi dumneavoastră?/tu? [multzumessk schi dumneawoasströ/tu]

Auf Wiedersehen! — La revedere! [la rewedere]
Tschüss! Bis morgen! — Salut! [ssalut] Pe mîine! [pe müjne]

UNTERWEGS

AUSKUNFT

links/rechts — la stînga/la dreapta [la sstünga/dreapta]
geradeaus — drept înainte [drept ünajinte]
nah/weit — aproape/departe [aproape/departe]
Bitte, wo ist … — Vă rog, unde este … [wö rog unde iesste]
… der Hauptbahnhof? — … gara centrală? [gara tschentralö]
… der Flughafen? — … aeroportul? [airoportul]

PANNE

Ich habe eine Panne. — Am rămas în pană. [am römass ün panö]
Würden Sie mir bitte einen Abschleppwagen schicken? — Vă rog, puteţi să-mi trimiteţi o maşină de remorcat? [wö rog putetzj sömj trimitetzj o maschinö de remorkat]
Wo ist hier in der Nähe eine Werkstatt? — Unde este în apropiere un service auto? [unde iesste ün apropjere un servis auto]

TANKSTELLE

Wo ist die nächste Tankstelle? — Unde este cea mai apropiată staţie de benzină? [unde iesste tschea maj apropjatö statzije de bensinö]
Ich möchte … Liter … — Doresc … litri de … [doressk … litri de …]
… Normalbenzin. — … benzină regular. [bensinö regular]
… Super./Diesel. — … benzină premium./motorină. [bensinö premjum/motorinö]
… bleifrei/verbleit. — … benzină fără/cu plumb. [bensinö förö/ku plumb]
Voll tanken, bitte. — Plinul, vă rog. [plinul wö rog]

UNFALL

Hilfe! — Ajutor! [aschutor]
Achtung! — Atenţie! [atentzje]

Rufen Sie bitte … — Vă rog, chemaţi … [wö rog kematzj …]

… einen Krankenwagen. — … salvarea. [ssalwarea]

… die Polizei. — … poliţia. [politzja]

… die Feuerwehr. — … pompierii. [pompjeri]

Es war meine/Ihre Schuld. — A fost vina mea/dumneavoastră. [a fosst vína mea/dumneawoaströ]

Geben Sie mir bitte Ihren Namen und Ihre Anschrift. — Daţi-mi, vă rog, numele şi adresa dumneavoastră. [dátzimj wö rog numele schi adressa dumneawoaströ]

ESSEN/UNTERHALTUNG

Wo gibt es hier … — Unde este pe aici … [unde jeste pe ajitsch]

… ein gutes Restaurant? — … un restaurant bun? [un resstaurant bun]

… eine gemütliche Kneipe? — … un local plăcut? [un lokal plökut]

Auf Ihr Wohl! — In sănătatea dumneavoastră! [ün ssönötatea dumneawoasströ]

Bezahlen, bitte. — Plata, vă rog. [plata wö rog]

EINKAUFEN

Wo ist … — Unde este … [unde jeste]

… eine Apotheke? — … o farmacie? [o farmatschije]

… eine Bäckerei/Brotladen? — … un centru de pîine/o brutărie? [un tschentru de püjne/o brutörije]

… ein Fotogeschäft? — … un magazin cu articole foto? [un magasin ku artikole foto]

… ein Kaufhaus? — … un magazin universal? [un magasin universsal]

… ein Lebensmittelgeschäft? — … o alimentară? [o alimentarö]

… ein Markt? — … o piaţă? [o pijatzö]

ÜBERNACHTUNG

Können Sie mir bitte … empfehlen? — Vă rog, puteţi să-mi recomandaţi … [wö rog putetzj sömj rekomandatzj]

… ein Hotel … — … un hotel? [un hotel]

… eine Pension … — … o pensiune? [o penssiune]

Ich habe bei Ihnen ein Zimmer reserviert. — Am rezervat la dumneavoastră o cameră. [am reserwat la dumneawoasströ o kamerö]

Haben Sie noch Zimmer frei? — Mai aveţi o cameră liberă? [maj avez o kamerö liberö]

ein Einzelzimmer	cu un pat [ku un pat]
ein Doppelzimmer	cu două paturi [ku douo paturj]
mit Dusche/Bad	cu duş/baie [ku dusch/baje]
für eine Nacht	pentru o noapte [pentru o noapte]
für eine Woche	pentru o săptămînă [pentru o ssöptömünö]
Wie viel kostet das Zimmer mit …	Cît costă o cameră cu … [küt kosstö o kamerö ku …]
… Frühstück?	… micul dejun? [mikul deschun]
… Halbpension?	… demipensiune? [demipenssijune]

PRAKTISCHE INFORMATIONEN

ARZT

Können Sie mir einen guten Arzt empfehlen?	Puteţi să-mi recomandaţi un medic bun? [putetzj sömj rekomandatzj un medik bun]
Ich habe hier Schmerzen.	Mă doare aici. [mö doare ajitsch]

BANK

Wo ist hier bitte …	Vă rog, unde este aici … [wö rog unde iesste ajitsch]
… eine Bank?	… o bancă? [o bankö]
… eine Wechselstube?	… un oficiu de schimb? [un ofitschiju de sskimb]
Ich möchte … Euro (Schweizer Franken) in Lei wechseln.	Aş dori să schimb euro (franci elveţieni) in lei. [asch dori ssö sskimb euro (frantschj elvetzienj) ün lej]

POST

Was kostet …	Cît costă … [küt kosstö]
… ein Brief …	… o scrisoare … [o sskrissoare]
… eine Postkarte …	… o vedere … [o wedere]
… nach Deutschland?	… pentru Germania? [pentru dschermanija]

ZAHLEN

0	zero [sero]
1	unu [unu]
2	doi [doj]
3	trei [trej]
4	patru [patru]
5	cinci [tschintschj]
6	şase [schasse]
7	şapte [schapte]
8	opt [opt]
9	nouă [nouö]
10	zece [setsche]
50	cincizeci [tschintschsetschj]
100	o sută [o ssutö]
½	jumătate [schumötate]
¼	un sfert [un ssfert]

> Die Seiteneinteilung für den Reiseatlas finden Sie auf dem hinteren Umschlag dieses Reiseführers.

REISEATLAS RUMÄNIEN

A
B
C
1
2
3
4
5
6
SLOVENSKÁ REP.
MAGYARORSZÁG
SRBIJA
Rožňava
Jelšava
Hnúšťa
Slovenský kras
Aggteleki karszt
Szin
Tornaľa
Rimavská Sobota
Szendrő
Borsod-Abaúj-Zemplén
Encs
Hernád
Sečovce
Trebišov
Seňa
Hidasnémeti
Veľké Kapušany
Kráľovský Chlmec
Sátoraljaújhely
Čop
Užhorod
Dobron
Tokaji Borvidék
Tisza
Dombrád
Kisvárda
Vsesvjatsʹkyj kostel
Vásárosnamény
Ózd
Sajószentpéter
Nógrád
Bükki N.P.
Bükk
MISKOLC
Tokaj
Szabolcs-Szatmár-Bereg
Pétervására
Bátonyterenye
Nyékládháza
NYÍREGYHÁZA
Baktalórántháza
Mátészalka
Eger
Kerecsend
Gyöngyös
Mezőkövesd
Polgár
Tiszavasvári
Nagykálló
Nyírbátor
Hajdúnánás
Hajdúböszörmény
Heves
Füzesabony
Hortobágyi N.P.
Balmazújváros
Nyíradony
Carei
Jászárokszállás
Tiszafüred
Hajdú-Bihar
Satu Mare
Jászapáti
Hortobágy
DEBRECEN
Valea lui Mihai
Tășnad
Hajdúszoboszló
Létavértes
Jász-Nagykun-Szolnok
Kunhegyes
Kunmadaras
Karcag
Püspökladány
Bihar
Marghita
Abony
Szolnok
Törökszentmiklós
Kisújszállás
Berettyóújfalu
Biharia
Aleșd
Munții
Tiszaföldvár
Tiszakécske
Körös
Mezőtúr
Szeghalom
Vésztő
Körös-Maros N.P.
ORADEA
Gyoma
Szarvas
Békés
Bihor
Kunszentmárton
Maros
Mezőberény
Salonta
Roșia
Tinca
Rãbăgani
Csongrád
Sarkad
Békéscsaba
Szentes
Nemzeti Park
Nagyszénás
Gyula
Beiuș
Munții Codru-Moma
Orosháza
Elek
Chișineu-Criș
Cermei
Kistelek
Hódmezővásárhely
Tótkomlós
Ineu
Bocsig
Șimand
Sebiș
Pâncota
Buteni
Crișul Alb
Gurahonț
SZEGED
Makó
Battonya
Arad
Nădlac
ARAD
Munții Zarandului
Păuliș
Conop
Kanjiža
Lipova
Sânnicolau Mare
Periam
Vinga
Čoka
Gottlob
Lovrin
Dealurile Lipovei
Mureș
Senta
Mokrin
Lenauheim
Făget
Cărpiniș
Recaș
Balinț
Ada
Kikinda
Jimbolia
TIMIȘOARA
Lugoj
Bečej
Bašaid
+1h Gr.Time
+2h Gr.Time
Timiș
Buziaș
Novi Bečej
Vojvodina
Jebel
Sacu
Munții Poiana Ruscă
Bistra
Melenci
Jaša Tomić
Banat
Fârliug
Žabalj
Zrenjanin
Boka
Caransebeș
Caraș-Severin
E571
E71
E58
E573
M06
E79
E68
E671
E60
E75
E673
50
553
188
75
117
255
218
220
126
814
742
960
182
836
249

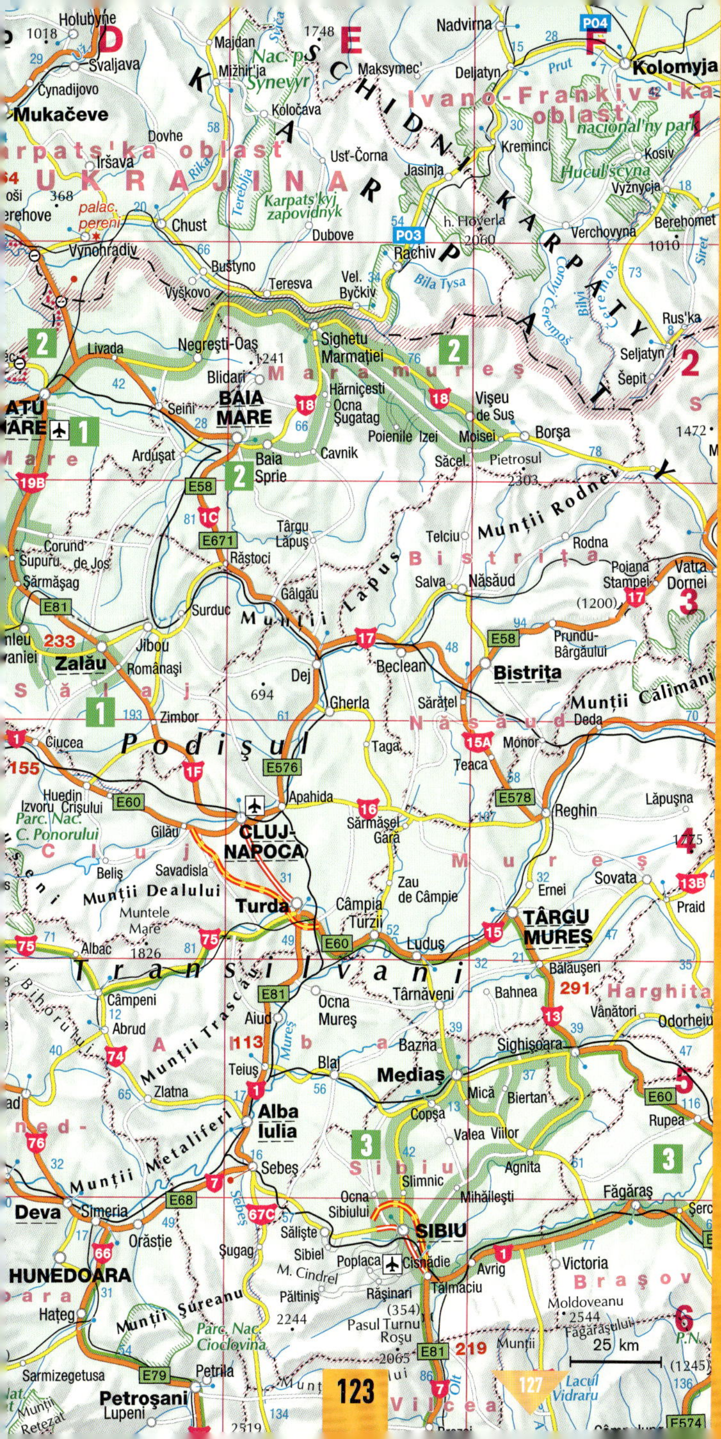
D
E
F
1
2
3
4
5
6
Holubyne
1018
Svaljava
Čynadijovo
Mukačeve
Majdan
Mižhir'ja
Nac.p.
Synevyr
Koločava
1748
Maksymec'
Nadvirna
Deljatyn
Prut
P04
Kolomyja
Ivano-Frankivs'ka oblast'
nacional'ny park
Kreminci
Kosiv
Hucul'ščyna
Vyžnycja
Berehomet
Siret
Dovhe
Iršava
Zakarpats'ka oblast'
SCHIDNI KARPATY
UKRAJINA
Rika
Tereblja
Karpats'kyj zapovidnyk
Usť-Čorna
Jasinja
h. Hoverla 2060
Verchovyna
1010
368
palac pereni
Chust
Dubove
P03
Rachiv
Vynohradiv
Buštyno
Vyškovo
Teresva
Vel. Byčkiv
Bila Tysa
Čornyj Čeremoš
Bilyj Čeremoš
Rus'ka
Seljatyn
Šepit
Livada
Negreşti-Oaş
1241
Sighetu Marmaţiei
Blidari
Maramureş
Hărniceşti
Ocna Şugatag
Vişeu de Sus
Moisei
Borşa
1472
SATU MARE
Seini
BAIA MARE
Ardusat
Baia Sprie
Cavnik
Poienile Izei
Săcel
Pietrosul 2303
19B
E58
1C
E671
Târgu Lăpuş
Răstoci
Corund
Supuru de Jos
Şărmăşag
E81
233
Zalău
Jibou
Românaşi
Surduc
Gâlgău
Munţii Lăpuş
Telciu
Munţii Rodnei
Rodna
Bistriţa
Salva
Năsăud
Poiana Stampei
Vatra Dornei
(1200)
Prundu-Bârgăului
Dej
694
Beclean
Bistriţa
Sărăţel
Munţii Călimani
Gherla
Năsăud
Deda
Sălaj
Zimbor
Podişul
Ciucea
155
1F
E576
Taga
15A
Monor
Teaca
Huedin
Izvoru Crişului
Parc. Nac. C. Ponorului
E60
Apahida
16
E578
Reghin
Lăpuşna
CLUJ-NAPOCA
Gilău
Sărmăşel Gară
Cluj
Mureş
1775
Beliş
Savadisla
Munţii Dealului
Muntele Mare
1826
Turda
Zau de Câmpie
Câmpia Turzii
Ernei
Sovata
13B
Praid
TÂRGU MUREŞ
75
Albac
Luduş
15
Transilvania
Bălăuşeri
Câmpeni
Abrud
E81
Ocna Mureş
Târnăveni
Bahnea
291
Harghita
Vânători
Odorheiu
Aiud
113
Munţii Trascău
Alba
74
Bazna
Sighişoara
Teiuş
Blaj
Mediaş
Mică
Biertan
E60
Zlatna
Alba Iulia
Copşa
Rupea
Valea Viilor
Munţii Metaliferi
76
Sebeş
Sibiu
Slimnic
Agnita
Deva
Simeria
E68
Ocna Sibiului
Mihăileşti
Făgăraş
Orăştie
67C
Săliştea
SIBIU
Victoria
Şugag
Sibiel
Poplaca
Cisnădie
Avrig
Braşov
HUNEDOARA
M. Cindrel
Răşinari
Tălmaciu
Moldoveanu 2544
Munţii Şureanu
Păltiniş
(354)
Făgăraşului
Haţeg
2244
Pasul Turnu Roşu
Munţii
Parc. Nac. Cioclovina
2065
E81
219
25 km
Sarmizegetusa
E79
Petrila
Lacul Vidraru
(1245)
Petroşani
Lupeni
Munţii Retezat
2519
Vâlcea
E574
127

A
B
C
1
2
3
4
5
6
Horodenka
Zaleščyky
Mel'nycja-Podil's'ka
KAM'JANEC'-PODIL'S'KYJ
Kolomyja
Prut
Dnister
Ivano-Frankivs'ka oblast'
nacional'ny park
Hucul'ščyna
Zastavna
Chotyn
Romanki
Snjatyn
Kicman'
Nedobojivci
Kel'menci
Kosiv
Vaškivci
Černivec'ka obl.
Briceni
ČERNIVCI
Vyžnycja
Novoselycja
Lipcani
Corjeuţi
Berehomet
Storožynec'
Darabani
Verchovyna
Hlyboka
Krasnojil's'k
Dorohoi
Săveni
Zăicani
Rus'ka
Siret
Vârfu Câmpului
Seljatyn
Šepit
Vicovu de Sus
Rădăuţi
Botoşani
BOTOŞANI
Truşeşti
Costeşti
Obcina Feredeului
Suceava
Solca
Moldoviţa
Gura Humorului
SUCEAVA
Păltinoasa
Câmpulung Moldovenesc
Bistriţa
Voroneţ
Hârlău
Rodna
Fălticeni
Culmea Stânişoarei
Iaşi
Poiana Stampei
Vatra Dornei
Drăguşeni
Paşcani
Podu Iloaiei
Târgu Neamţ
Târgu Frumos
CARPAŢII ORIENTALI
Munţii Călimani
Parc. Nac. Călimani
Poiana Teiului
Parc. Nac. Ceahlău
Săbăoani
Deda
Toplita
Tulghes
Neamţ
Girov
Roman
PIATRA-NEAMŢ
Bicaz
P.N. Cheile B.-Hăşmaş
Mureş
Lăpuşna
Ditrău
Munţii Gurghiului
Munţii Tarcăului
Buhuşi
Băceşti
Gheorgheni
Secuieni
Drăgo
Sovata
Praid
Scorţeni
BACĂU
Harghita
Munţii Ciucului
Moineşti
Miercurea-Ciuc
Frumoasa
Comăneşti
Bacău
Răcăciuni
Vânători
Odorheiu Secuiesc
Târgu Ocna
Oneşti
Podu Turcului
Munţii Vrancei
Adjud
Rupea
Baraolt
Micfalău
Târgu Secuiesc
Covasna
Vidra
Panciu
Făgăraş
Măieruş
Sfântu Gheorghe
Mărăşeşti
Şercaia
Feldioara
Olt
Vrancea
Codlea
Prejmer
Odobeşti
Braşov
BRAŞOV
Hărman
Săcele
Întorsura Buzăului
FOCŞANI
Râşnov
P.N. Bucegi
Argeş
Predeal
Gura Teghii
Măicăneşti
Buşteni
Sinaia
Prahova
Buzău
Râmnicu Sărat
128

D
E
F
25 km
M05
Vinnyc'ka oblast'
UKRAJINA
Džuryn
Tulčyn
Ladyžyn
Teplyk
Kyrnasivka
Tomašpil'
Vapnjarka
Trostjanec'
Mohyliv-Podil's'kyj
Murafa
Ljadova
1
P11
Kryžopil'
P93
Obodivka
Beršaď
Hajvoron
Uljanivka
Saľkove
R8
Dondušeni
Jampil'
Podil's'ka vysočyna
Pivdennyj Buh
R9
Tîrnova
Piščanka
257
Čečeľnyk
Savranka
Soroca
Zgurița
Kodyma
Savran'
Drochia
Camenca
R7
M2
R19
Balta
E583
Florești
Kodyma
Cotiujeni
Soldănești
Rîbnița
266
2
Bălți
338
Rezina
Kotovs'k
Glodeni
Răut
Tylihul
Basarabia
R14
Sîngerei
Nistru
M13
Trojic'ke
192
Dolyns'ke
MOLDOVA
M4
Krasni Okny
Falești
Chișcăreni
151
Telenești
Bertuceni
Odes'ka oblast'
Šyrjajeve
Orhei
139
Sculeni
Cula
R1
Cornești
M14
Frunzivka
Pîrlița
Răut
Dubăsari
3
E58
Icel
Kučurhan
Prut
Peresecina
73
Ungheni
Călărași
Bucovăț
M21
Criuleni
Grigoriopol
M2
Cricova
139
Nisporeni
Strășeni
Vadul lui Vodă
Vel. Mychajlivka
zapov. Kodri
CHIȘINĂU
E581
28
Zberoaia
Ialoveni
M14
179
Rozdyľna
M1
Lăpușna
Anenii Noi
24
Leușeni
Hîncești
TIGHINA (BENDER)
TIRASPOL
Slobozia
E581
Pervomajskoe
Razeni
M3
Huși
R3
Valul lui Traian
Căușeni
4
Vaslui
Hîrtop
Kam'
Dnestrovsc
Taraclia
R26
Vaslui
Cimișlia
Leova
253
Ștefan Vodă
R47
Ciucur-Mingir
Volintiri
Iargara
Ialpug
Pueești
24A
Starokozače
297
Basarabeasca
Borodino
Faraonivka
E87
24
Comrat
Cantemir
Popeni
E584
Monaši
216
Tarutyne
Murgeni
Baimaclia
5
Sarata
Congaz
R34
Bălăbănești
Malojaroslavec'
Ceadîr-Lunga
Peršyj
Sarata
Kulevča
Arcyz
Kohiľnik
M15
Žovtyj Jar
M3
Oancea
Târgu Bujor
Taraclia
UKRAJINA
Valea Mărului
Cahul
Červonoarmijs'ke
Hlavani
223
Tatarbunary
oz. Alibej
Galați
Colibași
Bolhrad
oz. Šahany
Prut
Nižnij Trajanov val
Ivești
Vulcanești
E87
Kyrnyčky
oz. Sasik
48
Krynyčne
Suvorove
Desantne
6
Dunajs'kyj biosfernyj zapovidnyk
Giurgiulești
Siret
25
Reni
oz. Jalpuh
Kilija
Chilia Veche
129
Periprava
Vylkove
GALAȚI
Brăila
E87

122

MAGYARORSZÁG
SZEGED
Battonya
Nădlac
ARAD
Păuliş
Pâncota
Buteni
Sebiş
Gurahonţ
Munţii Zarandului
Conop
Lipova
Kanjiža
Sânnicolau Mare
Periam
Vinga
Čoka
Lovrin
Gottlob
Senta
Mokrin
Lenauheim
Cărpiniş
Dealurile Lipovei
Făget
Ada
Kikinda
Jimbolia
Recaş
Balinţ
TIMIŞOARA
Lugoj
Bečej
Bašaid
Buziaş
Novi Bečej
Sacu
Munţii Poiana
Jebel
Timiş
Melenci
Făget
Jaša Tomić
Fârliug
Žabalj
Zrenjanin
Gătaia
Caransebeş
Deta
Boka
Caraş
REŞIŢA
Moraviţa
Titel
Vojvodina
Plandište
Parc. Nac. S.C. Carasului
Teregova
Kovačica
Alibunar
Vršac
Banat
Anina
Inđija
Uljma
Oraviţa
Batajnica
Bela Crkva
Severin
Băile Herculane
Pančevo
BEOGRAD
Baziaş
Şopotu Nou
Ralja
Kovin
V. Gradište
Moldova Nouă
Orşova
Obrenovac
Smederevo
Kostolac
Berzasca
Požarevac
Barajevo
Golubac
Dobra
Veliki Đerdap
Đerdap
Svinita
Kosmaj
Kučevo
D. Milanovac
Brza Palanka
Mladenovac
Smed. Palanka
Žabari
Petrovac
Majdanpek
Lazarevac
Partizani
Homoljske pl.
Nac. Park
Arandelovac
V. Plana
Mionica
Belanovica
Markovac
Svilajnac
Prahovo
Ljig
Topola
Krepoljin
Miloševa Kula
Negotin
Žagubica
Rudnik
Batočina
Beljanica
Bor
Despotovac
Takovo
Vraćevšnica
KRAGUJEVAC
Resavica
Timok
Gornji Milanovac
Rgotina
Preljina
Svetozarevo
Cuprija
Zlot
Zaječar
Gruža
Vrška čuka
Čačak
Mrčajevci
Česţobrodica
Paraćin
Boljevac
Guča
Belušić
Grama
Vratarnica
Kraljevo
Varvarin
Pojate
Rtanj
Kaona
Žiča
Bučje
Sokobanja
Ivanjica
Trstenik
Vrnjačka Banja
Kruševac
Aleksinac
Knjaževac
Studenica
Ozren
Ušće
Kupci
Ribare
+1h Gr. Time
Svrljig
Kalna
Golija N.P.
Nacionali Park Kopaonik
V. Đulica
Prekonosta pećina
Golija
Brus
Jastrebac
NIŠ
Raška
Duga Poljana
Blace
Prokuplje
Nišava
D. Rudnica
Kopaonik
Beloljin
Novi Pazar
Lukovo
Toplica
Bela Palanka
Sopoćani
Kuršumlija
Pečenjevce
Žitni Potok
Suvapl.
Pirot
Tutin
Svođe
Juž. Morava

Câmpeni
Abrud
Munții Trascău
Aiud
Ocna Mureș
Târnăveni
Bahnea
Vânători
123
Sighișoara
Teiuș
Blaj
Mediaș
Mică
Biertan
Rupea
Brad
Zlatna
Alba Iulia
Copșa
Valea Viilor
Munții Metaliferi
Sebeș
Agnita
Sibiu
Ocna Sibiului
Slimnic
Mihăileşti
Făgăraș
Deva
Simeria
Orăștie
Săliște
SIBIU
Șugag
Sibiel
Poplaca
Cisnădie
Avrig
Victoria
HUNEDOARA
M. Cindrel
Păltiniș
Rășinari
Tălmaciu
Brașov
Hațeg
Munții Șureanu
Moldoveanu 2544
Parc. Nac. Cioclovina
2244
Pasul Turnu Roșu
Munții Făgărașului
Sarmizegetusa
Petrila
2065
Lacul Vidraru
Petroșani
Lupeni
Munții Lotrului
CARPAȚII MERIDIONALI
Câmpulung
Munții Retezat
Parcul Nat. Retezat
2519
Brezoi
P.N. Cozia
Munții Vâlcanului
Vâlcea
Domnești
Bumbești-Jiu
RÂMNICU VÂLCEA
Curtea de Argeș
Argeș
Horezu
Băiculești
Coșești
Târgu Jiu
Buleta
Baia de Aramă
Băbeni
Morărești
Merișani
Târgu Cărbunești
Călnic
Rovinari
Sinești
Golești
Balta
Gorj
PITEȘTI
Topoloveni
Motru
Broșteni
Hurezani
Orlești
Vedea
Drăgășani
Lunca Corbului
Costești
DROBETA-TURNU SEVERIN
Negrași
Strehaia
Bălcești
Melinești
Scornicești
Teleorman
Prunișor
Gura Motrului
Filiași
Dobriceni
Ungheni
Slatina
Potcoava
Izvoru
Vânju Mare
Cernătești
Isalnița
Balș
Găneasa
Olt
Șerbănești
Balaci
Mehedinți
Bălăcița
Desnățui
CRAIOVA
Dobrotești
Văleni
Gruia
Orodel
Teslui
Drăgănești-Olt
Hotărani
Vânători
Radovan
Podari
Coșoveni
Roșiori de Vede
Cetate
Giubega
Dolj
Bratovoești
Caracal
Radomirești
Segarcia
Bregovo
Vidin
Calafat
Băilești
Walachia
Studina
Slobozia Mândra
Piscu Vechi
Bîrca
Amărăștii de Jos
Sadova
Bistreț
Furculești
Gighera
Dăbuleni
Izbiceni
Turnu Măgurele
Lunca Dunării
Lom
Corabia
Islaz
Arčar
Bechet
Dimovo
Loma
Kozloduj
Orjahovo
Nikopol
Vălčedrăm
Mizija
Krušovene
Guljanci
Smirnenski
Mihajlovo
Ogosta
BĂLGARIJA
Gr. Time
Kneža
Ciprovci
Bojčinovci
Borovan
Bjala Slatina
Dolni Dăbnik
Obnova
Montana
Dunavska Ravnina
PLEVEN
Levski
Krivodol
Sadovec
Vit
Berkovica
Skăt
Červen Brjag
Lukovit
Dojrenci
Osăm
Kom 2016
Vărčec
Vraca
N.P. Vračanska planina
Mezdra
Iskăr
Dermanci
25 km
Loveč
Godeč
Jablanica
Sevlievo

124

Harghita
Vânători
Odorheiu Secuiesc
Covasna
Bacău
Târgu Ocna
Răcăciuni
Oneşti
Podu Turcului
Adjud
Baraolt
Micfalău
Târgu Secuiesc
Rupea
Făgăraş
Şercaia
Măieruş
Sfântu Gheorghe
Covasna
Feldioara
Codlea
Braşov
BRAŞOV
Hărman
Prejmer
Săcele
Întorsura Buzăului
Râşnov
P.N. Bucegi
Predeal
Buşteni
Sinaia
Munţii Vrancei
Vrancea
Vidra
Panciu
Mărăşeşti
Odobeşti
FOCŞANI
Gura Teghii
Nehoiu
Râmnicu Sărat
Măicăneşti
Câmpulung
Argeş
Munţii Bucegi
Prahova
Buzău
Cislău
Vălenii de M.
Sângeru
Verneşti
BUZĂU
Ianca
Câmpina
Fieni
Pucioasa
Băicoi
Boldeşti-Scăeni
Urlaţi
Mizil
Costeşti
Cilibia
Făurei
Coşeşti
Voineşti
Dâmboviţa
TÂRGOVIŞTE
Moreni
PLOIEŞTI
Ulmu
Pogoanele
Padina
Goleşti
Topoloveni
Cornesti
Ciorani de Jos
Urziceni
Grivita
Găeşti
Ialomiţa
Moara Vlăsiei
Balaciu
Amara
Costeşti
Titu
Buftea
Moviliţa
Ciochina
Slobozia
Negraşi
Tărtăşeşti
Mogoşoaia
Otopeni
Afumaţi
Fundulea
Dor Mărunt
Dragalina
Teleorman
Neajlov
Şelaru
Bolintin-Vale
Izvoru
Crevedia Mare
BUCUREŞTI
Balaci
Frumuşani
Călăraşi
Dobroteşti
Trivalea-Moşteni
Videle
Adunaţii-Copăceni
Vidra
L. Mostiştea
Mânăstirea
Grădiştea
Curcani
Roşiori de Vede
Ghimpaţi
Srebarna
Wallachia
Giurgiu
Drăgăneşti-Vlaşca
Prundu
Olteniţa
Tutrakan
Srebarna Nat. Res.
Silistra
Băneasa
Toporu
Alexandria
Belica
Glavinica
Alfatar
Giurgiu
Ruse
RUSE
BĂLGARIJA
Furculeşti
Tetovo
Sveštari
Dulovo
Vedea
Piatra
Kubrat
Pietroşani
Zimnicea
Okorš
Ivanovo
Zavet
Isperih
Štrâklevo
Ludogorie
Beli Lom
Car Kalojan
Kaolinovo
Svištov
Dunav
Jantra
Dragomirovo
Razgrad
Venec
Bjala
Opaka
Lomci
Novi Pazar
Cerni Lom
Levski
Dunavska
Popovo
ŠUMEN
Kamen
Pavlikeni
Rosica
Slavjanovo
Provadijska R.
Suhindol
Veliko Târnovo
Gorna Orjahovica
Antonovo
Târgovište
Veliki Preslav
Madara
Omurtag
Smjadovo
Dălgopol

MOLDOVA
UKRAJINA
125
Basarabeasca
Comrat
Cantemir
Baimaclia
Borodino
Starokozače
Monaši
Kulevča
Popeni
Murgeni
Bălăbănești
Congaz
Ceadîr-Lunga
Malojaroslavec'
Peršyj
Sarata
Arcyz
Žovtyj Jar
Oancea
Târgu Bujor
Valea Mărului
Cahul
Taraclia
Červonoarmijs'ke
Hlavani
Tatarbunary
oz. Alibej
oz. Šahany
Galați
Ivești
Colibași
Bolhrad
Vulcănești
Kyrnyčky
Nižnij Trajanov val
oz. Sasik
Desantne
Pryčornomors'ka
Krynyčne
Suvorove
Kilija
Vylkove
Dunajs'kyj biosfernyj zapovidnyk
Giurgiulești
Reni
oz. Jalpuh
oz. Kotlabuch
Chilia Veche
Periprava
Dunaj
GALAȚI
Izmajil
BRĂILA
Luncavița
Isaccea
Letea
Mila 23
Siret
Măcin
Somova
Brațul Sulina
Crișan
Sulina
Tulcea
Uzlina
Caraorman
Silistraru
Mahmudia
Murighiol
Br. Sf. Gheorghe
Cerna
Nalbant
Agighiol
Balta Brăilei
Dunărea Veche
Calia
Viziru
Ciucurova
Taița
Lacul
Dunavățu de Jos
Sfântu Gheorghe
Delta Dunării
Delta du Danube
Însurăței
Topolog
Babadag
Razim
Sfântu Gheorghe-Palade-Perișor
Giurgeni
Hârșova
Baia
Jurilovca
Gura Portiței
Golovița
Illičivs'k
Țăndărei
Râmnicu de Jos
Istria
Lac. Sinoie
Grindul Chituc
Movila
Făcăeni
Crucea
Fetești
Dorobanțu
Mihail Kogălniceanu
L. Tașaul
Năvodari
MAREA
NEAGRĂ
Cernavodă
Rasova
Ovidiu
L. Siutghiol
Mamaia
Sevastopol
Oltina
Medgidia
Basarabi
CONSTANȚA
L. Oltina
Adamclisi
Băneasa
Cobadin
Eforie Nord
Topraisar
Tuzla
Rosica
Comana
Negru Vodă
Mangalia
Vama Veche
Hitovo
Svoboda
General Toševo
Jovkovo
Karapelit
DOBRIČ
Dobrudžansko Plato
Vaklino
N. Šabla
Vranino
Šabla
ČORNOE MORE
Obročište
Kavarna
Balčik
Vălčidol
N. Kaliakra
Varnenski Zaliv
VARNA
Beloslav
Kamčija
25 km

KARTENLEGENDE

Autobahn, mehrspurige Straße - in Bau Highway, multilane divided road - under construction		Autoroute, route à plusieurs voies - en construction Autosnelweg, weg met meer rijstroken - in aanleg
Fernverkehrsstraße - in Bau Trunk road - under construction		Route à grande circulation - en construction Weg voor interlokaal verkeer - in aanleg
Hauptstraße Main road		Route principale Hoofdweg
Nebenstraße Secondary road		Route secondaire Overige verharde wegen
Fahrweg, Piste Practicable road, track		Chemin carrossable, piste Weg, piste
Straßennummerierung Road numbering	E20 11 70 26	Numérotage des routes Wegnummering
Entfernungen in Kilometer Distances in kilometers	259 130 129	Distances en kilomètres Afstand in kilometers
Höhe in Meter - Pass Height in meters - Pass	1365	Altitude en mètres - Col Hoogte in meters - Pas
Eisenbahn - Eisenbahnfähre Railway - Railway ferry		Chemin de fer - Ferry-boat Spoorweg - Spoorpont
Autofähre - Schifffahrtslinie Car ferry - Shipping route		Bac autos - Ligne maritime Autoveer - Scheepvaartlijn
Wichtiger internationaler Flughafen - Flughafen Major international airport - Airport		Aéroport important international - Aéroport Belangrijke internationale luchthaven - Luchthaven
Internationale Grenze - Provinzgrenze International boundary - Province boundary		Frontière internationale - Limite de Province Internationale grens - Provinciale grens
Unbestimmte Grenze Undefined boundary		Frontière d'Etat non définie Rijksgrens onbepaalt
Zeitzonengrenze Time zone boundary	-4h Greenwich Time -3h Greenwich Time	Limite de fuseau horaire Tijdzone-grens
Hauptstadt eines souveränen Staates National capital	STOCKHOLM	Capitale nationale Hoofdstad van een souvereine staat
Hauptstadt eines Bundesstaates Federal capital	Nancy	Capitale d'un état fédéral Hoofdstad van een deelstat
Sperrgebiet Restricted area		Zone interdite Verboden gebied
Nationalpark National park		Parc national Nationaal park
Antikes Baudenkmal Ancient monument		Monument antique Antiek monument
Sehenswertes Kulturdenkmal Interesting cultural monument	Chambord	Monument culturel intéressant Bezienswaardig cultuurmonument
Sehenswertes Naturdenkmal Interesting natural monument	Gorges du Tarn	Monument naturel intéressant Bezienswaardig natuurmonument
Brunnen Well		Puits Bron
Ausflüge & Touren Excursions & tours		Excursions & tours Uitstapjes & tours

REGISTER

In diesem Register sind alle in diesem Reiseführer erwähnten Orte und Ausflugsziele sowie einige wichtige Persönlichkeiten verzeichnet. Halbfette Seitenzahlen verweisen auf den Haupteintrag, kursive auf ein Foto.

> SCHREIBEN SIE UNS!

Liebe Leserin, lieber Leser,

wir setzen alles daran, Ihnen möglichst aktuelle Informationen mit auf die Reise zu geben. Dennoch schleichen sich manchmal Fehler ein – trotz gründlicher Recherche unserer Autoren/innen. Sie haben sicherlich Verständnis, dass der Verlag dafür keine Haftung übernehmen kann.

Wir freuen uns aber, wenn Sie uns schreiben.

Senden Sie Ihre Post an die MARCO POLO Redaktion, MAIRDUMONT, Postfach 31 51, 73751 Ostfildern, info@marcopolo.de

IMPRESSUM

Titelbild: Windmühle, Museum in Astra (Getty Images/Lonely Planet Images: Mayfield)
Fotos: Balthazar Restaurant Bar: Beatrice Belizarie (101 M.l.); Bilderberg: Drexel (58/59); EnduRo-Mania Foundation: Peter Pröpper (13 u.); © fotolia.com: Alexandre (100 M.r.), eAlisa (100 M.l.), Com Evolution (100 u.), Leonid Nyshko (14 o.); Getty Images/Lonely Planet Images: Mayfield (1); Huber: Mehlig (11, 28, 30/31, 33, 72/73), Schmid (2l., 24/25, 87); © iStockphoto.com: Eric Delmar (15 u.), felix_ro (101 M.r.), Nick Free (14 M.), Rob Pavey (14 u.); V. Janicke (U.l., 21, 78, 80); K. Kallabis (3 r., 56); Laif: Butzmann (67), Contrasto (60), Hemispheres (22/23, 23, 62), Kaiser (2 r., 3 M., 97, 108, 109), Kirchgessner (29, 53, 55); Laif/Hollandse Hoogte: Oskam (38); K. Lauer (135); Christa Manta (12 u., 15 o., 101 o., 101 u.); P. Mathis (104, 112); Mauritius: Nebe (3 l., 81), O'Brien (85), PowerStock (5, 64); MNAC: Emilian Savescu (13 o.); Kai Ulrich Müller (4 l., 49); Okapia: Bios/F. Gilson (4 r., 41), Stefanovic (U.r., 84, 91); M. Rusinek (35); W. Scherz (18); S. C. TheobromaConsult SRL: Gabriel Brezoi (100 o.l.); Transit-Archiv: Meinhardt (U.M., 6/7, 8/9, 16/17, 22, 26, 27, 28/29, 32, 34, 37, 42/43, 44, 46, 50, 68, 70/71, 74, 77, 82/83, 88, 92, 94/95, 98, 99, 102/103, 106/107, 102/121); Christopher Willig (12 o.)

2. (8.), aktualisierte Auflage 2008

Verlegerin: Stephanie Mair-Huydts; Chefredaktion: Michaela Lienemann, Marion Zorn
Autorin: Kathrin Lauer; Redaktion: Christina Sothmann
Programmbetreuung: Cornelia Bernhart, Jens Bey; Bildredaktion: Gabriele Forst
Szene/24h: wunder media, München
Kartografie Reiseatlas: © MAIRDUMONT, Ostfildern
Innengestaltung: Zum goldenen Hirschen, Hamburg; Titel/S. 1–3: Factor Product, München
Sprachführer: in Zusammenarbeit mit Ernst Klett Sprachen GmbH, Stuttgart, Redaktion PONS Wörterbücher

Printed in Germany. Gedruckt auf 100% chlorfrei gebleichtem Papier

FÜR IHRE NÄCHSTE REISE

gibt es folgende MARCO POLO Titel:

DEUTSCHLAND
Allgäu
Amrum/Föhr
Bayerischer Wald
Berlin
Bodensee
Chiemgau/Berchtesgadener Land
Dresden/Sächsische Schweiz
Düsseldorf
Eifel
Erzgebirge/Vogtland
Franken
Frankfurt
Hamburg
Harz
Heidelberg
Köln
Lausitz/Spreewald/Zittauer Gebirge
Leipzig
Lüneburger Heide/Wendland
Mark Brandenburg
Mecklenburgische Seenplatte
Mosel
München
Nordseeküste Schleswig-Holstein
Oberbayern
Ostfriesische Inseln
Ostfriesland/Nordseeküste Niedersachsen/Helgoland
Ostseeküste Mecklenburg-Vorpommern
Ostseeküste Schleswig-Holstein
Pfalz
Potsdam
Rheingau/Wiesbaden
Rügen/Hiddensee/Stralsund
Ruhrgebiet
Schwäbische Alb
Schwarzwald
Stuttgart
Sylt
Thüringen
Usedom
Weimar

ÖSTERREICH | SCHWEIZ
Berner Oberland/Bern
Kärnten
Österreich
Salzburger Land
Schweiz
Tessin
Tirol
Wien
Zürich

FRANKREICH
Bretagne
Burgund
Côte d'Azur/Monaco
Elsass
Frankreich
Französische Atlantikküste
Korsika
Languedoc-Roussillon
Loire-Tal
Normandie
Paris
Provence

ITALIEN | MALTA
Apulien
Capri
Dolomiten
Elba/Toskanischer Archipel
Emilia-Romagna
Florenz
Gardasee
Golf von Neapel
Ischia
Italien
Italienische Adria
Italien Nord
Italien Süd
Kalabrien
Ligurien/Cinque Terre
Mailand/Lombardei
Malta/Gozo
Oberital. Seen
Piemont/Turin
Rom
Sardinien
Sizilien/Liparische Inseln
Südtirol
Toskana
Umbrien
Venedig
Venetien/Friaul

SPANIEN | PORTUGAL
Algarve
Andalusien
Barcelona
Baskenland/Bilbao
Costa Blanca
Costa Brava
Costa del Sol/Granada
Fuerteventura
Gran Canaria
Ibiza/Formentera
Jakobsweg/Spanien
La Gomera/El Hierro
Lanzarote
La Palma
Lissabon
Madeira
Madrid
Mallorca
Menorca
Portugal
Spanien
Teneriffa

NORDEUROPA
Bornholm
Dänemark
Finnland
Island
Kopenhagen
Norwegen
Schweden
Südschweden/Stockholm

WESTEUROPA | BENELUX
Amsterdam
Brüssel
Dublin
England
Flandern
Irland
Kanalinseln
London
Luxemburg
Niederlande
Niederländische Küste
Schottland
Südengland

OSTEUROPA
Baltikum
Budapest
Estland
Kaliningrader Gebiet
Lettland
Litauen/Kurische Nehrung
Masurische Seen
Moskau
Plattensee
Polen
Polnische Ostseeküste/Danzig
Prag
Riesengebirge
Russland
Slowakei
St. Petersburg
Tschechien
Ungarn
Warschau

SÜDOSTEUROPA
Bulgarien
Bulgarische Schwarzmeerküste
Kroatische Küste/Dalmatien
Kroatische Küste/Istrien/Kvarner
Montenegro
Rumänien
Slowenien

GRIECHENLAND | TÜRKEI | ZYPERN
Athen
Chalkidiki
Griechenland Festland
Griechische Inseln/Ägäis
Istanbul
Korfu
Kos
Kreta
Peloponnes
Rhodos
Samos
Santorin
Türkei
Türkische Südküste
Türkische Westküste
Zakinthos
Zypern

NORDAMERIKA
Alaska
Chicago und die Großen Seen
Florida
Hawaii
Kalifornien
Kanada
Kanada Ost
Kanada West
Las Vegas
Los Angeles
New York
San Francisco
USA
USA Neuengland/Long Island
USA Ost
USA Südstaaten/New Orleans
USA Südwest
USA West
Washington D.C.

MITTEL- UND SÜDAMERIKA
Argentinien
Brasilien
Chile
Costa Rica
Dominikanische Republik
Jamaika
Karibik/Große Antillen
Karibik/Kleine Antillen
Kuba
Mexiko
Peru/Bolivien
Venezuela
Yucatán

AFRIKA | VORDERER ORIENT
Ägypten
Djerba/Südtunesien
Dubai/Vereinigte Arabische Emirate
Israel
Jerusalem
Jordanien
Kapstadt/Wine Lands/Garden Route
Kenia
Marokko
Namibia
Qatar/Bahrain/Kuwait
Rotes Meer/Sinai
Südafrika
Tunesien

ASIEN
Bali/Lombok
Bangkok
China
Hongkong/Macau
Indien
Japan
Ko Samui/Ko Phangan
Malaysia
Nepal
Peking
Philippinen
Phuket
Rajasthan
Shanghai
Singapur
Sri Lanka
Thailand
Tokio
Vietnam

INDISCHER OZEAN | PAZIFIK
Australien
Malediven
Mauritius
Neuseeland
Seychellen
Südsee

> UNSERE INSIDERIN

MARCO POLO Autorin Kathrin Lauer im Interview

Kathrin Lauer ist gebürtige Rumänin und arbeitet als freie Journalistin für deutsche Medien in Bukarest und Budapest.

Wieso leben Sie in Bukarest?

Ich wurde in Bukarest geboren. Noch während des Kommunismus bin ich mit meiner Familie nach Deutschland ausgewandert. Nach der Wende hat es mich journalistisch interessiert, was aus diesem Land wird. Seit 1994 lebe ich wieder in Bukarest. Inzwischen teile ich mein Leben zwischen der rumänischen Hauptstadt und Budapest, weil ich auch über Ungarn schreibe.

Was reizt Sie besonders an Rumänien?

Der Humor der Rumänen ist unvergleichlich. Fast nichts ist so grauenhaft oder so tragisch, dass es nicht auch von einer komischen Seite betrachtet werden könnte.

Sprechen Sie Rumänisch?

Ich bin zweisprachig aufgewachsen, zu Hause wurde Deutsch gesprochen, draußen Rumänisch.

Wie leben Sie genau?

Ich wohne in einem schönen Altbau im Zentrum von Bukarest ganz in der Nähe des Regierungssitzes, zum Glück in einer kleinen Nebenstraße. Das ist praktisch, weil man die wichtigsten Ziele zu Fuß erreichen kann.

Wer sind Ihre Arbeitgeber?

Ich schreibe für verschiedene deutsche Publikationen über rumänische und ungarische Politik, Wirtschaft und Kultur, hauptsächlich für die Deutsche Presse-Agentur (dpa).

Kommen Sie viel in Rumänien herum?

Auf Reportagereisen entdecke ich in diesem großen Land immer wieder etwas Neues, traumhafte Ecken, die noch nicht einmal alle Einheimischen kennen. Weil Rumänien inzwischen gut mit Internetanschlüssen versorgt ist, nutze ich oft die Möglichkeit, zu reisen und zugleich zu arbeiten.

Mögen Sie die rumänische Küche?

Die rumänische Küche ist deftig, aber für meinen Geschmack zu schwer und zu fettreich, um sie wirklich täglich genießen zu können. Am liebsten mag ich die *Ardei Copţi,* die gebackenen Paprika in Vinaigrette.

Können Sie sich vorstellen, irgendwann wieder in Deutschland zu leben?

Rumänien bleibt eine Herzensangelegenheit für mich, wo immer ich auch lebe. Selbst wenn ich mich irgendwann einmal wieder für Deutschland entscheiden sollte.

> BLOSS NICHT!

In Rumänien gibt es einiges, auf das Sie achten sollten

Bei Dunkelheit Auto fahren

Autofahren in Rumänien ist ein kleines Abenteuer, das sich fast nur auf Landstraßen abspielt. In der Dunkelheit ist es besonders gefährlich, weil viele Pferdefuhrwerke ohne Beleuchtung unterwegs sind und man die Schlaglöcher schlechter sieht.

Prost sagen

Man soll sich in Rumänien beim Trinken zuprosten – das deutsche Wort aber dabei meiden. Denn „prost" heißt im Rumänischen „dumm". Für gute Stimmung sorgt der Trinkgruß „noroc", was so viel wie „Glück" bedeutet.

Mit leeren Händen einen Besuch machen

Wenn sich Rumänen besuchen, kommen sie nie mit leeren Händen. Man schenkt eine Kleinigkeit – einen Blumenstrauß, ein Getränk, ein Pfund Äpfel vom Markt oder auch ein paar Brezeln. Schenken Sie Blumen, dann achten Sie auf ungerade Zahlen. Gebinde mit einer geraden Anzahl Blumen sind nur für Tote bestimmt und bringen nach rumänischer Überzeugung dem lebenden Beschenkten Unglück.

Roma fotografieren

Es sind schöne Motive, die bunt gekleideten Romafrauen, denen man unterwegs auf Pferdewagen begegnet. Doch wer sie fotografieren will, muss unbedingt vorher fragen. Denn manchen Romaclans gilt das Abbilden als Verlust der Seele. Es kann dem Fotografen aber auch passieren, dass die Roma für das Foto Geld verlangen. Also, lieber nicht.

Locker gekleidet eine Kirche besuchen

In Rumänen ist es geradezu in Mode, in der Kirche Sittenstrenge zu zeigen. Frauen in Hosen oder gar Shorts sind dort nicht gern gesehen. In manchen Dörfern betreten Frauen zudem nie ein Gotteshaus ohne Kopftuch. Für Besucherinnen ist zumindest ein Knie bedeckender Rock angebracht. Schulter- und Armfreies besser meiden.

Die sonntägliche Siesta stören

Der Sonntagnachmittag ist den Rumänen heilig, dann wird geschlafen. Es gehört sich nicht, sonntags zwischen 14 und 18 Uhr jemanden anzurufen oder gar spontan zu besuchen.

Mit Verkehrspolizisten streiten

Am häufigsten tappen Autofahrer auf der Durchfahrt durch Dörfer in Radarfallen oder sie überholen an verbotenen Stellen einen Traktor. Wird man erwischt, gibt man am besten alles mit einem Ausdruck des ehrlichen Bedauerns unumwunden zu. Der Verkehrspolizist hat einen Ermessensspielraum, ob er nur eine Geldstrafe verhängt oder den Führerschein einbehält. Ihn wiederzubekommen, dauert oft Monate.